青春励志文学馆·少年成长智慧故事

将来的你，一定会感谢现在拼命的自己

文祺 段红霞 ◎ 编著

长春

成长寄语

乔·甘道夫博士是全美十大杰出业务员。

他是历史上第一位年销售业绩超过10亿美元的寿险大师。

他的父亲是外国移民，在他移居美国后不久，便与意大利西西里家族中的一位老姑娘结婚了。乔·甘道夫出生在美国肯塔基州，并在那儿长大。

甘道夫常常自豪地说："我的父亲是一位勤劳能干的人，他常告诉我，在美国，你可以随心所欲地干你愿意干的事，但对你来说，从商是最好不过的事情。"

甘道夫12岁时，母亲因癌症去世。他读中学的时候，父亲也魂归了天国。

失去父母后，甘道夫陷入沉痛之中。之后，他进入军事研究院。1959年，他成了一名数学老师，他也利用业余的时间做些辅导员的工作，当时他的月收入仅为238美元。

1960年，甘道夫进入保险公司，他的推销生涯从此开始。

甘道夫每天5点起床，6点钟做完弥撒，就开始一天的工作，直到深夜10点，他才上床睡觉。由于他的努力，第一星期他的寿险业务就达到了92000美元的销售额。甘道夫恨不得把吃饭睡觉的时间都用来工作，他说："我觉得人们在吃睡方面花费的时间太多了，我最大的愿望就是不吃饭，不睡觉。对我来说，一顿饭用时若超过20分钟，就是浪费时间。"

1976年，甘道夫的年销售业绩高达10亿美元，他成为百万圆桌会议会员。甘道夫一年的销售额远远超过了绝大多数保险公司的年销售额。

甘道夫谈到自己的成功时，说："我成功的秘密相当简单，为了达到目的，我可以比别人多努力一倍，艰苦一倍，而多数人不愿意这样做。"甘道夫一直在奔跑，所以他成了领跑者。

无数事实证明：只有付出十分的努力，并且能够一直坚持到底的人，才能比别人优秀，才能先于别人取得成功；而那些马马虎虎、混混沌沌，甚至三天打鱼、两天晒网的人，最后只能是一事无成。为了将来有所成就，我们都应奔跑起来。将来优秀的你，一定会感谢现在拼命的自己！

目录 Contents

第一章 世界上没有失败，只有暂时的不成功

成功无定律，要靠自己去寻找 ………………………………… 002

要想使人生出现转机，就要做到出新出奇 …………………… 005

想要取得成功，就要发现和抢占机会 ………………………… 007

一个人若想成功，往往要经历惨痛的事 ……………………… 011

认准并发挥自己的特长，就有机会成功 ……………………… 014

只要敢想敢干，就有可能做成大事 …………………………… 016

始终怀有赢的激情，定能创造辉煌的人生 …………………… 018

失败是一种资本，是走向成功的基石 ………………………… 020

第二章 成功的秘密相当简单，就是比别人多努力一倍

抓住意外和偶然，会意外收获成功 …………………………… 024

不被失败吓跑，失败自然会跑开 ……………………………… 026

你付出了多少努力，就会取得多少成功 ……………………… 028

别把困难在想象中放大，敢去做其实就很简单 ……………… 031

设定一个高远目标，就等于达到了目标的一部分 …………… 033

只要善于挖掘，人的潜力是不可限量的 ……………………… 037

成功并不需要很多，关键要会运用拥有的资源 ……………… 040

专心致志地做一件事，永远都不要放弃 ……………………… 043

将来的你，一定会感谢现在拼命的自己

第三章　只有不停地奋斗，才能成为生活的强者

给自我加重，是不被打翻的唯一方法 ……………………………… 048
想做就立刻做，不要有半点迟疑 …………………………………… 050
在顽强的意志面前，死神也会退步 ………………………………… 052
勇于冒险不是碰运气，而是一种积极主动的进取 ………………… 054
击碎别人嘲笑的目光，做生活中真正的强者 ……………………… 058
面对强大的对手时，不要急于求成 ………………………………… 061
在强者面前，弱者要懂得保护自己 ………………………………… 063
强迫自己立刻去做，别让自己有时间害怕 ………………………… 065

第四章　只有行动了，才会知道结果

如果认为自己的主意好，就去试一试 ……………………………… 068
只有全面地了解自己，才会取得你想要的成功 …………………… 070
拥有了好的性格，就拥有了美好人生 ……………………………… 072
梦终归只是梦，只有行动才能获得实惠 …………………………… 075
改变你的生活目标，就会改变你的命运 …………………………… 077
要想事后不后悔，该出手时就出手 ………………………………… 079
好运气不是上天赐予的，而是靠自己赢来的 ……………………… 081
无论参加什么比赛，都是规则比速度更重要 ……………………… 083

将来的你，一定会感谢现在拼命的自己

第五章 接受不幸不如接受挑战，相信命运不如相信自己

当产生畏难情绪时，要强迫自己坚持下去 …… 086
时间不等人，延迟决定是最大的错误 …… 088
事物只有不断变化，人们才不会感到厌倦 …… 092
没有思想和主见，一切学识和经验都毫无价值 …… 095
认识并相信自己，才能更好地发挥潜能 …… 098
勇于出新出奇，才会有更多成功的机会 …… 101
不需要自己是全才，只需要精通一手即可 …… 103

第六章 懂生存会竞争，才能更好地活着

无论在任何时候，都决不能轻易放弃生命 …… 106
改变自己会痛苦，但不改变自己会吃苦 …… 108
在苦难面前自强不息，就会赢得成功和幸福 …… 110
想要摆脱困境，就要发挥自己的强项 …… 113
无论做什么工作，都要有一种敬业精神 …… 115
拥有一技之长，是最好的生存方法 …… 117
我们要跑得快，还要跑得稳 …… 120

第一章

世界上没有失败，只有暂时的不成功

没有人能够永远成功，也没有人能够永远失败；世界上没有失败，只有暂时的不成功。所以，当我们遭遇一些挫折时，不要灰心和失望，要相信：失败只是暂时的，成功就在前面。

将来的你，一定会感谢现在拼命的自己

成功无定律，要靠自己去寻找

名人名言

我成功，因为志在要成功，未尝踌躇。——拿破仑

20世纪50年代初期，有个叫丹尼尔的年轻人，从美国西部一个偏僻的山村来到纽约。走在繁华的都市街头，啃着干硬冰冷的面包，他发誓一定要闯出一片属于自己的天地。

然而，对于没有进过大学校门的丹尼尔来说，要想在这座城市找到一份称心如意的工作，简直比登天还难，几乎所有的公司都拒绝了他的求职请求。

就在他心灰意冷之时，有一天，他接到一家日用品公司让他去面试的通知。他兴冲冲地前往面试，但是面对主考官有关各种商品的性能和如何使用的提问，他吞吞吐吐一句话也答不出来。说实话，摆在他眼前的许多东西他从未接触过，甚至有的连名字都叫不出来。

眼看唯一的机会就要消失，在转身退出主考官办公室的一刹那，丹尼尔有些不甘心地问："请问先生，你们到底需要什么样的人才？"

主考官彼特微笑着告诉他："很简单，我们需要能把仓库里的商品销售出去的人。"

回到住处，丹尼尔回味着主考官的话，他领悟到：不管哪个地方招聘，其实都是在寻找能够帮自己解决实际问题的人。既然如此，何不主动出击，去寻找那些需要帮助的人呢？他想，总有一种帮助是他能够提供的。

不久，在当地一家报纸上，刊登了一则颇为奇特的启事。文中有这样一段话"谨以我本人人生信用做担保，如果你或者贵公司遇到难处，如果你需要得到帮助，而且我也正好有这样的能力给予帮助，我一定竭力提供最优质的服务。"

让丹尼尔没有料到的是，这则并不起眼的启事登出后，他接到了许多来自不同地区的求助电话和信件。

原本只想找一份适合自己工作的丹尼尔，这时又有了更有趣的发现：老约翰为自己的花猫生下小猫照顾不过来而发愁，而凯茜却为自己的宝贝女儿吵着要猫咪找不到卖主而着急；北边的一所小学急需大量鲜奶，而东边的一处牧场却奶源过剩……诸如此类的事情一一呈现在他面前。

丹尼尔将这些情况整理分类，一一记录下来，然后毫不保留地告诉那些需要帮助的人。而他，也在一家需要市场推广员的公司找到了适合自己的工作。不久，一些得到他帮助的人给他寄来了汇款，以表谢意。

据此，丹尼尔灵机一动，他辞职，注册了自己的信息公司，业务越做越大，很快成了纽约最年轻的百万富翁。

后来，丹尼尔告诫自己的孩子：成功无定律，幸运从来不主动光顾你，要靠自己去寻找。有时候，给别人帮助的同时，其实也为自己创造了最好的成功机会。

成 长 智 慧

世上没有万能的成功公式，也没有万能的成功定律。通往成功的路有多条，总有一条是属于你的，但到底走哪条路，要靠自己去寻找和选择。

要想使人生出现转机,就要做到出新出奇

机遇垂青那些懂得怎样追求它的人。——尼科尔

毛姆是英国著名作家,他写下了《人性的枷锁》等长篇小说,他的短篇小说在世界上也具有非常大的影响力。

可谁知道,这位大作家在成名之前,生活却十分艰难,他常常饿着肚子写作。

有一天,快要山穷水尽的毛姆来到一家报社的广告部,找到主任后,他结结巴巴地说:"先生,请帮我一把吧,我要推销我的小说。想来想去,只能求助于报社刊登广告了。还请您帮忙,在各大报纸上都刊登。"

"各大报纸?"广告部主任瞪大了眼睛,"毛姆先生,你有钱登广告吗?"

"有,这个广告刊登后,我的书肯定会畅销的,你肯先帮我垫付吗?到时加倍还您。"毛姆自信地说。

面对主任一脸的迷惘,毛姆递上了自己拟好的广告词。主任飞速地看完,立即一拍桌子:"好,这主意棒极了,我帮你。"

第二天,各大报纸同时登出了一则引人注目的征婚启事:本人喜欢音乐和运动,是个年轻而有教养的百万富翁,希望能和毛姆小说中的主角完全一样的女性结婚。

女性读者看到这则广告,马上飞奔到书店,抢购毛姆的小说,回到家后,更是潜心研读,让自己向小说中的女性靠拢。

男性读者也不甘落后,他们也争相抢购,目的是想研究女性心理,然后对症下药,以防自己的女友投进富翁的怀抱。

短短几天时间,毛姆的小说就被抢购一空,毛姆一举成名。他的生活终于迎来了巨大的转机。

成 长 智 慧

出新出奇是一种创新能力。一个人越有创新能力,他的观点和想法就越多,他的能力就越强,他成功的可能性就越大。要想使自己的人生出现转机,最好的办法就是做到出新出奇。

想要取得成功,就要发现和抢占机会

要是不能把握时机,就要终身蹭蹬,一事无成。——莎士比亚

1951年的夏天,凯蒙斯·威尔逊驾驶一辆大汽车,带着全家老小前往华盛顿特区旅游观光。一路上,美丽的风光使他们心旷神怡,可住宿的遭遇却让他们十分恼火:客房既小又脏,水暖设备差,洗澡用水不方便。很少见汽车旅馆有餐厅,即使有的话,所供应的食物也太差。收费太高,一家人合住一间客房,每个孩子还要再加收钞票。

"孩子睡在地板上还要加钱,太不应该了!"凯蒙斯对妻子抱怨道:"设施齐全、服务周到的汽车旅馆居然一家都没有!"

"都是这样的,在外就将就些吧。"妻子劝他说。

那一刻,凯蒙斯的眼睛一亮,汽车旅馆普遍差,这不是蕴含着巨大的商机吗?如果建造一些宾馆式的汽车旅馆,不就能赚大钱吗?

他兴奋地对太太说:"我打算建造许多新型的汽车旅馆,和父母同住客房的儿童,我决不另外收取宿费。我要做到,人们一看到旅馆招牌,就像到了自己的家。出外度假,住宿的旅馆必须舒适和方便,这正是现在汽车旅馆所缺少的。我想,我是极其平常的人,我喜欢的东西,别人也会喜欢。"

1952年8月1日,他的第一家假日酒店正式开张营业。

旅馆位于孟菲斯市萨默大街上,萨默大街是汽车从东进入孟菲斯的主要通道,也是来往美国东西部的一条重要机动车通道。

在路旁,一块18米高的黄绿两色"假日酒店"的大招牌特别引人注目。到了晚上,招牌上的霓虹灯闪闪发光,更是醒目。汽车无论行驶在高速公路上的哪个方向,都能远远地一眼就望到假日酒店的招牌。凯蒙斯花费1.3万美元高价做了这块招牌。无论是成人还是小孩子看到这块招牌,都会联想到这是一个有趣的地方。

走进酒店，你会发现服务设施特别齐全：走廊上备有软饮料和制冰机，旅客可以免费取用；客房里的空调让人感到十分凉爽；游泳池里清波荡漾；走几步，就是餐厅，可供全家用餐，菜桌上还有专门为儿童设计的菜单；你住进酒店，工作人员会叫得出你的名字，这让人倍感亲切，他们见了你就微笑——这是凯蒙斯要求他们这样做的。他说："世界上的语言有几百种，但微笑是通用的语言。微笑不需要翻译。"旅客需要服务，马上会有人来，并且决不收取小费；天气好的话，旅客可以在晚饭后出外散步，享受郊外的宁静……而享受这一切，价格绝对便宜：单人房每天才收 4 美元，双人房每天收 6 美元。凯蒙斯规定：和父母一起住的孩子，一概不另收费。

"高级膳宿，中档收费。"凯蒙斯说，"既不完全是汽车旅馆，也不完全是宾馆，但提供它们两者都有的服务。"

旅客纷纷前来，有的旅客走进酒店，房间已经住满，服务台的先生或小姐会为其和附近的旅馆联系住宿——这又是凯蒙斯发明的服务。

一炮打响，凯蒙斯马上着手建造更多的假日酒店。他采取特许经营的办法，向社会出售特许经营权，从而迅速推动假日酒店在全美各地到处开花。

20 世纪 60 年代初，人们对电脑还是很陌生的。可凯蒙斯却在想，如何应用这个新兴的技术为酒店服务。他有一种预感，电脑会给酒店带来许多好处。他想，为旅客预订外地假日酒店客房唯一的办法就是打长途电话，长途电话费太贵了。能不能利用电脑，为各地的假日酒店相互之间建立"快车道"呢？他委托国际商用机器公司 IBM 设计安装一套电脑系统，它可以即时找出或预订在任何地方的任何一家假日酒店的可供投宿的客房，这套电脑系统的售价是 800 万美元。

后来，这套电脑系统设计出来了，并且取得了成功。当时任何别的连锁旅馆都没有这种先进设备，假日酒店一下子拥有了巨大的优势。

成 长 智 慧

机会不是等来的，机会是需要被发现的，是需要被抢占的。很多人之所以能够成功，就是因为他们有敏锐的眼光，能够发现别人没有发现的机会，并能抢占机会。

一个人若想成功,往往要经历惨痛的事

奇迹多是在厄运中出现的。——培根

安德莱耶维奇手拿报纸,坐在沙发上打盹儿。突然,有人急促地敲窗,这使安德莱耶维奇有些不知所措,因为他住在八楼,而且他这套房间是没有阳台的。起初,他只当是自己的幻觉。但是,敲窗声再次传来。陡然,窗户自动打开,窗台上显现出一个男子的身影,这人穿着长长的白衬衫。

安德莱耶维奇惊恐地暗想:"是个梦游症患者吧,他要把我怎么样?"只见那男子从窗台跳到地板上,背后的两个翅膀扇动了一下。接着,他走到沙发跟前,随便地挨着安德莱耶维奇坐下,说:"深夜来访,请您原谅。不过,这是我的工作。有人说,我们天使逍遥自在,终日吃喝玩乐,其实那是胡说八道。实际上,他对我任意欺压,刻薄着呢。"

安德莱耶维奇一下子没弄懂,问:"这个'他'是谁呀?"天使压低声音回答:"我告诉你吧,是上帝!""哦,明白了,明白了。那么,上帝或者您,找我有事儿吗?"天使说:"您要知道,我是奉他的命令来找您的。我负责分配上帝所赐的东西,也就是智慧。每个人都应该分配到智慧,或多或少罢了。可是昨天我查明,我一时疏忽,您遭到了不公正的对待,也就是说,我

忘了分配智慧给您。"

安德莱耶维奇怒气冲冲地从沙发上一跃而起："什么，您怎么能够如此粗心大意？快把我应有的一份交给我！别人的我管不着，可我的一份，劳驾，快交给我吧！"天使安慰他说："我正是为此而来。我完全承认自己的过错。我尽力弥补，为您效劳。我给您送来的，不仅是智慧，而且是大智大慧。"天使从怀里取出一只小塑料袋，里面五颜六色，流光溢彩。安德莱耶维奇接过小塑料袋，藏进床头柜的抽屉里，转身说："谢谢您想起了我。要不然，我就会这么一点智慧也没有、傻头傻脑地混一辈子啦！""如今全安排好啦。我真为您高兴。现在，您将享受到苦苦怀疑的幸福。""什么，怎样的怀疑？"

"苦苦的怀疑。""这是为什么？非苦不可吗？""那当然。此外，您还将狠狠地摔跤，飞速地升迁。"安德莱耶维奇没听清楚："飞速地升迁？那好哇，还有什么？""狠狠地摔跤。"安德莱耶维奇警觉起来："唔，那么，还会怎么样？""您还会由于暂时不被理解的孤立而感到一种崇高的自豪。"

"暂时不被理解？您不骗人？的确是暂时的吗？""当然，暂时的！不过，这段时间可能比您的一生还长得多，但是您将经常具有一种创造的冲动。"安德莱耶维奇皱眉蹙额地说："创造的冲动？还有什么？您全爽爽快快地说出来吧,别折磨人了。""哦，还多着呢。也许，甚至要为所抱的信念而牺牲生命，死而无憾！""一定得……得死吗？""要有充分的思想准备。这是获得人们敬仰的、万古流芳的伟大幸福。"

安德莱耶维奇沉默片刻,使劲地握握天使的手，说："喔，好吧，谢谢您，感谢之至！"等天使飞出窗户，安德莱耶维奇就从抽屉里取出小塑料袋，准备丢进垃圾通道。

但他转念一想，又下了楼，走进院子，找了个阴暗角落，把一塑料袋大智大慧深深地埋入了土中。

成 长 智 慧

　　成功是每个人都梦寐以求的事，但一个人若想成功，往往要经历很多惨痛的事。这些惨痛的事包括"苦苦的怀疑""狠狠地摔跤"……甚至是"牺牲生命"。所以，如果你想成功，那么就要做好心理准备。

认准并发挥自己的特长，就有机会成功

放弃自己优势的人将一无所成。——霍英东

多年以前，一个年轻的退伍军人来找成功学大师拿破仑·希尔。

这位军人想要找一份工作，但是他觉得很茫然也很沮丧：只希望能养活自己，并且找到一个栖身之处就够了。他黯然的眼神告诉希尔，哀莫大于心死。这个年轻人本来大有可为，但却胸无大志。希尔非常清楚，能否赚取财富，都在他的一念之间。

于是希尔问他："你想不想成为千万富翁？赚大钱轻而易举，你为什么只求卑微地过日子呢？"

他回答："不要开玩笑了，我肚子饿，需要一份工作。"

希尔说："我不是在开玩笑，我非常认真。你只要用现有的资产，就能够赚到几百万美元。"

"资产？什么意思？"他问，"我除了穿在身上的衣服之外，什么都没有。"

交谈之中，希尔逐渐了解到，这个年轻人在从军之前，曾经担任富勒·布拉许的业务员，在军中他也学得一手好厨艺。换句话说，除了健康的身体，他所拥有的资产，还包括销售的技能及烹调的手艺。

当然，推销或烹饪并无法使一个人晋升为百万富翁，但只要他找到自己的方向，许多机会就会呈现在眼前。

希尔和他谈了两个多小时，看到他从深陷深渊的绝望者，变成了积极的思考者。希尔脑中忽然闪出一个念头："你为什么不邀请邻居来家里吃便饭，然后运用销售的技巧，把烹调的器具卖给他们呢？"

希尔借给他足够的钱，他买了一些像样的衣服及一套烹调器具，然后放手去做了。

第一个星期，他卖烹调器具，赚了100美元。第二个星期，他的收入加倍。然后他开始训练业务员，帮他销售同样款式的成套烹调器具。

四年以后，他每年的收入都在100万美元以上，他还自行设厂生产。

成 长 智 慧

很多人对自己没有信心，认为自己没有成功的机会。其实，我们每个人都有自己的一技之长，找到并发挥其能力，就有机会获得成功。

只要敢想敢干,就有可能做成大事

"拿出胆量来"那一吼声是一切成功之母。——雨果

一个黑人母亲带女儿到伯明翰买衣服。一个白人女店员挡住女孩,傲慢地说:"此试衣间只有白人才能用,你们只能使用储藏室里专供黑人用的试衣间。"可母亲根本不理睬,她冷冰冰地对店员说:"我女儿今天如果不能进这间试衣间,我就换一家店购衣!"女店员为留住生意,只好让她们进了那间试衣间,自己则站在门口望风,生怕有人看到。那情那景,让女孩感触颇深。

又一次,女孩在一家店里因摸了摸帽子而受到白人店员的训斥,这位母亲再次挺身而出:"请不要这样对我的女儿说话。"然后,她对女儿说:"康蒂,你现在摸一下这店里的每一顶帽子吧。"女孩按母亲的吩咐,真把每顶自己喜爱的帽子都摸了一遍,那个女店员只能站一旁干瞪眼。

对这些歧视和不公,母亲对女儿说:"记住,孩子,这一切都会改变的。这种不公正不是你的错,你的肤色和你的家庭是你不可分割的一部分,这无法改变也没有什么不对。要改变自己低下的社会地位,只有做得比别人更好,你才会有机会。"

从那一刻起,不卑不屈成了女孩受用一生的财富。她坚信只有教育才能让自己获得知识,做得比别人更好。教育不仅是她自身完善的手段,还是她捍卫自尊和超越平凡的武器。

后来,这位出生在亚拉巴马州伯明翰种族隔离区的黑丫头,荣登《福布斯》杂志"2004年全世界最有权势女人"宝座,她就是美国国务卿赖斯。

赖斯回忆说:"母亲对我说,康蒂,你的人生目标不是从'白人专用'的店里买到汉堡包,而是,只要你想,并且为之奋斗,你就有可能做成任何大事。"

成长智慧

很多时候,现实令人无奈,有很多东西我们无法选择,但我们却可以选择奋斗。虽然歧视和不公制造了灰暗,但同时也催生了奋斗。所以,只要我们充满自信并挺直脊梁,就没有人能让我们自惭形秽。

始终怀有赢的激情，定能创造辉煌的人生

人应当具有激情，但是也应当具有驾驭激情的本领。——玻尔

世界传媒巨子萨默·雷石东始终怀有一种赢的激情。

1923年，雷石东出生在美国波士顿一个清贫的犹太人家庭，他17岁就读于美国哈佛大学，20岁被选拔服役，从事破译日军电报密码的工作。31岁时，他放弃了给他带来丰厚收入的律师事务所，开始了第一次创业，经营"国家娱乐有限公司"。几十年后，他积累了近5亿美元的财富。

然而，不幸的事情发生了。1979年，雷石东在参加华纳兄弟公司的一个聚会时，在酒店遭遇了一场火灾。火灾中，他身体45%的皮肤都被大火烧伤，右手腕也几乎脱离了身体。对于一个56岁的人而言，生存成了一个严峻的问题。

然而，雷石东凭借自己那种赢的激情和坚韧不拔的意志，与死神展开了激烈的搏斗并最终取得了胜利，度过了生命中最艰难的岁月。56岁的雷石东就像凤凰涅槃，浴火重生，并让生命散发出更为夺目的光彩。

63岁时，他二次创业收购维亚康母公司；70岁时，他收购派拉蒙电影公司；76岁时，他收购哥伦比亚广播公司；78岁时，他被《福布斯》评为全球排行第18位的富豪；2005年，82岁的他，

还管理着全球最大的传媒娱乐公司，并且正积极进军中国传媒市场，为事业发展再创高峰。

谈起那场几乎吞噬他生命的大火，他说："我个人的信念并没有因为那场大火而发生任何变化，我的价值观与发生大火前没有什么不同。无论在高中、大学、法学院学习，还是后来建立自己的媒体王国，我的价值观始终不曾改变。我始终怀有赢的激情，这种激情体现了我生命的全部意义。"

成长智慧

激情是战胜所有困难的强大力量，它能使我们的头脑变得灵活，能使我们的意志变得坚强。赢的激情更是一种强大的潜在力量。始终怀有赢的激情，必然能创造辉煌的人生。

失败是一种资本,是走向成功的基石

败而不馁,就是胜利。——哈伯德

在外人看来,一个绰号叫斯帕奇的小男孩在学校里的日子应该是难以忍受的。他读小学时各门功课常常亮红灯。到了中学,他的物理成绩通常都是零分,他成了所在学校有史以来物理成绩最糟糕的学生。

斯帕奇在拉丁语、代数以及英语等科目上的表现同样惨不忍睹,体育也不见得好多少。虽然他参加了学校的高尔夫球队,但在赛季唯一一次重要比赛中,他输得干净利落。即使是在随后为失败者举行的安慰赛中,他的表现也一塌糊涂。

在自己的整个成长时期,斯帕奇笨嘴拙舌,社交场合从来就不见他的人影。这并不是说,其他人都不喜欢他或讨厌他。事实是,在别人眼里,他这个人压根儿就不存在。如果有哪位同学在学校外主动向他问候,他会受宠若惊并感动不已。

他跟女孩子约会时会是怎样的情形,大概只有上天才晓得。因为斯帕奇从来没有邀请哪个女孩子一起出去玩过,他太害羞了,生怕被人拒绝。

斯帕奇真是个无可救药的失败者。每个认识他的人都知道这一点,他本人也十分清楚,然而他对自己的表现似乎并不十分在

第一章 世界上没有失败，只有暂时的不成功

乎。从小到大，他只在乎一件事情——画画。

他深信自己拥有不凡的画画才能，并为自己的作品深感自豪。但是，除了他本人以外，他的那些涂鸦之作从来没有人看得上眼。上中学时，他向毕业年刊的编辑提交了几幅漫画，但最终一幅也没被采纳。尽管有多次被退稿的痛苦经历，但斯帕奇从未对自己的画画才能产生过怀疑，他决心今后成为一名职业的漫画家。

到了中学毕业那年，斯帕奇向当时的沃尔特·迪士尼公司写了一封自荐信。该公司让他把自己的漫画作品寄来看看，同时规定了漫画的主题。于是，斯帕奇开始为自己的前途奋斗。他投入了大量的时间与精力，以一丝不苟的态度完成了许多幅漫画。然而，漫画作品寄出后却石沉大海，最终迪士尼公司没有录用他——失败者再一次遭遇了失败。

生活对斯帕奇来说只有黑夜。

走投无路之际，他尝试用画笔描绘自己平淡无奇的人生经历。他以漫画语言讲述了自己灰暗的童年、不争气的青少年时光——一个学业糟糕的不及格生、一个屡遭退稿的所谓艺术家、一个没人注意的失败者。他的画也融入了自己多年来对画画的执着追求和对生活的真实体验。

连他自己都没想到，他所塑造的漫画角色竟然一炮走红了，连环漫画《花生》很快就风靡了全世界。从他的画笔下走出了一个名叫查理·布朗的小男孩，他也是一名失败者：他的风筝从来就没有飞起来过，他也从来没踢好过一场足球赛，他的朋友一向叫他"木头脑袋"。

熟悉小男孩斯帕奇的人都知道，这正是漫画作者本人——日后成为大名鼎鼎漫画家的查尔斯·舒尔茨，早年平庸生活的真实写照。

成长智慧

失败并不可怕，可怕的是在失败之后失去继续奋斗的信心和勇气。有时，失败的经历也是一种资本，它可以成为我们走向成功的基石。所以，一个人要想成功，就要有屡败屡战的勇气，要对未来充满必胜的信心。

第二章

成功的秘密相当简单，就是比别人多努力一倍

上帝非常公平，谁付出的努力多，谁就会成功。这其中，最重要的一点是要珍惜时间和充分地利用时间。我们每个人的一天都是24小时。然而时间就像海绵里的水，只要挤，总是有的。成功者往往能充分利用有限的时间，而平庸者则在不知不觉中虚耗自己的生命。

抓住意外和偶然，会意外收获成功

经验告诉我们：成功和能力的关系少，和热心的关系大。

——贝克登

他是一位孤独而又窘迫的画家。

他在堪萨斯城谋生的时候，曾到堪萨斯明星报社应征，想在那里找份合适的工作，开始自己的事业。然而，该报社的主编在看过他的作品以后，却坚决地摇摇头，认为他的作品缺乏新思想，他不能胜任报社的工作。这使他非常的失望和沮丧。

后来，费尽周折，他总算找到了一份工作——给教堂作画。可是，报酬低得可怜，他没有能力租用画室，只好借用父亲的车库临时办公。

车库里充满了汽油味，而且经常有老鼠出没。有一天，当他和往常一样在车库里工作的时候，忽然看见一只老鼠在地板上跳跃。望着小老鼠乖巧的样子，他赶紧找了一些面包屑给它吃。渐渐地，他们熟悉了，老鼠的胆子也大了。有的时候，那只老鼠竟胆大妄为地爬上他工作的画板，有节奏地跳跃。

没多久，他获得了一个极好的工作机会：到好莱坞摄制一部以动物为主角的卡通片。他很快投入了工作，并且信心百倍地干起来。不幸的是，他失败了，并且因此而变得身无分文。

再度穷困潦倒以后,他失业在家。有一天,他又在父亲的车库里转悠,他突然想起了那只曾经和他友好相处的老鼠。他灵机一动,找来画纸,把那只老鼠可爱的形象画了出来。出人意料的是,卡通世界有史以来最伟大的动物形象——米老鼠,就这样奇迹般地诞生了。

这位年轻的画家也因此而名噪全球。他就是著名的国际卡通漫画艺术大师沃尔特·迪士尼先生。

成 长 智 慧

很多人的成功看起来都是意外获得的,但意外的成功并非人人都能获得,它不属于那些不善思考、粗心大意的人,它只属于有心人——他们善于思考,善于抓住意外和偶然。

不被失败吓跑,失败自然会跑开

只有人类精神能够蔑视一切限制,相信它的最后成功,将它的探照灯照向黑暗的远方。——泰戈尔

林肯的故事一直以来激励着许多人,最令人佩服的是他面对失败的态度。

1832 年,林肯失业了,这显然使他很伤心,但他下决心要当政治家,当州议员。糟糕的是,他竞选失败了。在一年里遭受两次打击,这对他来说无疑是痛苦的。接着,林肯着手自己开办企业,可不到一年,这家企业又倒闭了。在以后的 17 年间,他不得不为偿还企业倒闭时所欠的债务而到处奔波,历尽磨难。随后,林肯再一次决定参加竞选州议员,这次他终于成功了。他内心萌发了一丝希望,认为自己的生活有了转机:"可能我可以成功了!"

1835 年,他订婚了。但离婚礼还差几个月的时候,他的未婚妻却不幸去世了。这对他的打击实在太大了,他心力交瘁,数月卧床不起。1836 年,他得了神经衰弱症。1838 年,林肯觉得自己身体状况良好,于是决定竞选州议会议长,可他失败了。1843 年,他又参加竞选美国国会议员,但这次仍然没有成功。

林肯虽然一次次地尝试,但却一次次地遭受失败:企业倒闭、未婚妻去世、竞选败北。要是你碰到这一切，你会不会放弃？

林肯具有执着的性格，他没有放弃，他也没有说："要是失败会怎样？"1846年，他又一次参加竞选国会议员，这次他终于当选了。两年任期很快过去了，他要争取连任。他认为自己作为国会议员表现得很出色，相信选民会继续投票给他。但结果很遗憾，他落选了，因为这次竞选他赔了一大笔钱。林肯申请当本州的土地官员，但州政府把他的申请退了回来，上面指出："做本州的土地官员要求有卓越的才能和超常的智力，你的申请未能满足这些要求。"

接连又是两次失败。

这一切失败并没有使林肯屈服。1854年，他竞选参议员，但失败了；两年后他竞选美国副总统提名，结果被对手击败；又过了两年，他再一次竞选参议员，还是失败了。

林肯尝试了11次，可只成功了两次，他一直没有放弃自己的追求，他一直在做自己生活的主宰，他没有被失败吓跑。

1860年，林肯终于当选为美国总统。

成 长 智 慧

在通往成功的道路上，谁都不可能一帆风顺，甚至会遭遇多次的失败。失败者之所以会失败，是因为被失败吓着了；成功者之所以会成功，是因为他迎着失败勇往直前。如果没有被失败吓跑，失败自然就会跑开。

你付出了多少努力，就会取得多少成功

名人名言

要想成功，就千万不能忽视任何事情，他必须对一切都下功夫，那也许还能有所收获。——屠格涅夫

加拿大著名摄影家约瑟夫·卡希，由于他在摄影艺术上取得的突出成就，被人们誉为"摄影大师"。

卡希在他的一生中，曾经为15000多名有成就的人物照过相，其中不少是家喻户晓的世界级人物。他们当中有国家元首、科学家、作家、艺术家等等。

卡希在加拿大的渥太华，专以拍摄人像为乐事。他拍的人像能够传神，能够充分反映一个人物的性格，甚至能表现一些名人所代表的国家和民族的精神。

有这样一件事，最能说明卡希的摄影风格。

1941年的冬天，当时的英国首相丘吉尔到加拿大访问。在丘吉尔到达渥太华的前夕，当时只有33岁的卡希请求他的朋友、加拿大总理麦肯齐·金帮助他，以便为丘吉尔拍一张照片。麦肯齐·金答应了他的要求。

这一天晚上，卡希一夜未睡。第二天，他赶到议会大厅听完丘吉尔轰动一时的演讲后，就急忙穿过大厅到了议长室，他在议长室的一角摆好了泛光灯，做好了一切准备。不久，他听到了脚

步声,麦肯齐·金引领丘吉尔来到了议长室。卡希也立即打开了泛光灯。

丘吉尔叼着一根雪茄问:"这是要干什么?"左右的人都笑了起来,而麦肯齐·金则微笑不语。这时,卡希连忙向丘吉尔鞠躬,说道:"阁下,我希望给您拍一张照片以纪念这次历史性的盛会。"丘吉尔怒气冲冲地说:"为什么事先不告诉我?"但他最后还是同意了卡希的请求。

卡希这时正想按快门,忽然他灵机一动,走近丘吉尔,对他说:"对不起,阁下!"话音未落,随即把丘吉尔口里叼着的雪茄扯了下来。丘吉尔顿时勃然大怒。就在这时,只听"咔嚓"一声,一张后来闻名于世的照片被拍了下来。而拍摄这张杰作,前后只用了两分钟的时间。

丘吉尔的这张照片在暗房被冲洗了出来,只见他一手拄着拐杖,一手叉在腰间,怒容满面,气势逼人。卡希看了这张照片后满怀信心地说:"这是一幅杰作。"后来,事实证明也的确如此,这张照片在全世界广为流传,有人说它是自有摄影艺术以来流传最广的照片。同时,还有七个国家的邮票上印过这张照片。全世界都认为这张照片是英国战时精神的象征。卡希在后来发表的文章中也写道："相片里的丘吉尔,是战时英国的象征,昂然挺立,不屈不挠。"从此以后,卡希也就名扬四海了,按照他自己的说法:"自此以后,我便没有休息的时间了。"

为将要拍摄的照片进行设计是一件很伤脑筋的事情。卡希也常常因害怕照片拍摄出来效果不理想而烦恼。因此,在有重要拍摄任务前,他经常失眠,第二天自己经常被弄得疲惫而紧张。但奇怪的是,越是如此,照片拍得越好。因此卡希说:"我常常用夜里失眠时间的长短来判断第二天那张照片成功的程度。"

成 长 智 慧

无论做什么事情,要想做到让自己满意,都必须开动脑筋,下苦功夫。能不能取得成功,实际上是掌握在我们自己手中的。我们可以用自己付出的多少,来预计将来可能取得多大的成功。

别把困难在想象中放大,敢去做其实就很简单

　　按照自己的意志去做,不要听那些闲言碎语,你就一定会成功。——纳斯雷丹·霍查

　　有个年轻人叫琼斯,大学毕业后,他如愿地进入当地的《明星报》任记者。有一天,他的上司交给他一个任务:采访大法官布兰代斯。

　　第一次接到重要任务,琼斯不是欣喜若狂,而是愁眉苦脸。他想:自己任职的报纸又不是当地的一流大报,自己也只是一名刚刚出道、名不见经传的小记者,大法官布兰代斯怎么会接受他的采访呢?

　　同事史蒂芬获悉他的苦恼后,拍拍他的肩膀,说:"我很理解你。让我来打个比方——这就好比躲在阴暗的房子里,然后想象外面的阳光多么的炽烈。其实,最简单有效的办法就是往外跨出一步。"

　　史蒂芬拿起琼斯桌上的电话,查询布兰代斯的办公室电话。很快,他与大法官的秘书通上了话。接下来,史蒂芬直截了当地道出了他的请求:"我是《明星报》新闻部记者琼斯,我奉命访问大法官,不知他今天能否接见我呢?"旁边的琼斯吓了一跳。

　　史蒂芬一边打电话,一边不忘抽空向目瞪口呆的琼斯扮鬼脸。

接着，琼斯听到了他的答话："谢谢你。明天1点15分，我准时到。"

"瞧，直接向人说出你的想法，不就管用了吗？"史蒂芬向琼斯扬扬话筒，"明天1点15分，你的约会定好了。"一直在旁边看着整个过程的琼斯面色放缓，似有所悟。

多年以后，昔日羞怯的琼斯已成了《明星报》的台柱记者。回顾此事，他仍觉得刻骨铭心："从那时起，我学会了单刀直入的办法，做来不易，但很有用。而且，第一次克服了心中的畏怯，下一次就容易多了。"

成 长 智 慧

很多时候，我们都把困难在想象中放大了一百倍。事实上，只要我们走出了第一步，就会发现，那些所谓的麻烦与困难，有时只是自己吓自己。行动起来，勇敢地去做，很多事情其实都很简单。

设定一个高远目标，就等于达到了目标的一部分

目标要远大，不达目的决不罢休。——波·杰克逊

美国伯利恒钢铁公司的建立者齐瓦勃出生在美国乡村，他只受过很短的学校教育。尽管如此，齐瓦勃却雄心勃勃，无时无刻不在寻找着发展的机遇。他相信，自己一定能做成大事。

18岁那年，齐瓦勃来到"钢铁大王"卡内基所属的一个建筑工地打工。一踏进建筑工地，齐瓦勃就抱定了要做同事中最优秀的人的决心。

一天晚上，同伴们都在闲聊，唯独齐瓦勃躲在角落里看书。

这恰巧被到工地检查工作的公司经理看到了，他问道："你学那些东西干什么？"

齐瓦勃说："我想我们公司并不缺少打工者，公司缺少的是既有工作经验又有专业知识的技术人员或管理者，不是吗？"

有些人讽刺挖苦齐瓦勃，他回答说："我不光是在为老板打工，更不单纯为了赚钱，我是在为自己的梦想打工，为自己的远大前途打工。"

抱着这样的信念，齐瓦勃一步步向上升到了总工程师、总经理，最后被卡内基任命为钢铁公司的董事长。

最后，齐瓦勃终于自己建立了大型的伯利恒钢铁公司，并创

下了非凡业绩。凭着自己对梦想的追求和实践，齐瓦勃完成了从一个打工者到创业者的飞跃。

下面我们再来结识一下迪布·汤姆斯。

1969年，从小就喜欢吃汉堡的迪布·汤姆斯在美国俄亥俄州成立了一家汉堡餐厅，并用女儿的名字为店命名——温迪快餐店。在当时，美国的连锁快餐公司麦当劳、肯德基、汉堡王等已是大名鼎鼎。与这几位大哥比起来，温迪快餐店只是一个名不见经传的小弟弟而已。

迪布·汤姆斯毫不因为自己的小弟弟身份而气馁。他从一开始就为自己设定了一个高目标，那就是赶上快餐业老大麦当劳！

20世纪80年代，美国的快餐业竞争日趋激烈。麦当劳为保住自己老大的地位，花费了不少的心机，这让迪布·汤姆斯很难有机可乘。

一开始，迪布·汤姆斯走的是隙缝路线，麦当劳把自己的顾客定位于青少年，温迪就把顾客定位在20岁以上的青壮年群体。为了吸引顾客，迪布·汤姆斯在汉堡肉馅的重量上做足了文章。他将每个汉堡的牛肉都增加了零点几盎司，这一不起眼的举动为温迪快餐店赢得了不小的成功，并成为日后与麦当劳叫板的有力武器。

温迪快餐店一直以麦当劳作为自己的竞争对手，在这种激励下温迪快餐店快速地发展着自己。终于，一个与麦当劳抗衡的机会来了。

1983年，美国农业部组织了一项调查，发现麦当劳宣称有4盎司肉馅的汉堡包，其实肉馅重量从来就没超过3盎司！迪布·汤姆斯认为牛肉事件是一个问鼎快餐业霸主地位的好机会,于是对麦当劳大加打击。他请来了著名影星克拉拉·佩乐为自己拍摄了一则后来享誉全球的广告。

广告说的是一个认真好斗、喜欢挑剔的老太太,正在对着桌上一个硕大无比的汉堡包笑逐颜开。当她打开汉堡时,她惊奇地发现牛肉只有指甲那么大,她先是疑惑、惊奇,继而开始大喊:"牛肉在哪里?"不用说,这则广告是针对麦当劳的。美国民众对麦当劳本来就有许多不满,这则广告适时而出,马上引起了民众的广泛共鸣。一时间,"牛肉在哪里?"这句话迅速地传遍了千家万户。在广告取得巨大成功的同时,迪布·汤姆斯的温迪快餐店的支持率也得到了提高,营业额一下子上升了18%。

凭借针对麦当劳的不懈努力,温迪快餐店的营业额年年上升,1990年达到了37亿美元,发展了3200多家连锁店,在美国的市场份额也上升到了15%,它直逼麦当劳,坐上了美国快餐业的第三把交椅。

成 长 智 慧

很多人之所以一事无成,主要是因为他们缺少雄心勃勃、排除万难、迈向成功的动力,不敢为自己制定一个高远的奋斗目标。不管一个人有多么超群的能力,如果缺少一个设定的高远目标,他将很难有所成就。设定一个高目标,就等于达到了目标的一部分。

只要善于挖掘，人的潜力是不可限量的

名人名言

多数人都拥有自己不了解的能力和机会，都有可能做到未曾梦想的事情。——戴尔·卡耐基

纽约里士满区有一所穷人学校，它是贝纳特牧师在经济大萧条时期创办的。1983 年，一位名叫普热罗夫的捷克籍法学博士，在做毕业论文时发现，50 年来，该校毕业的学生在纽约警察局的犯罪记录最少。

为延长在美国的居住期，他突发奇想，上书纽约市市长布隆伯格，要求得到一笔市长基金，以便就这一课题深入开展调查。当时布隆伯格正因纽约的犯罪率居高不下而受到选民的责备，于是他很快就同意了普热罗夫的请求，给他提供了 1.5 万美元的经费。

普热罗夫凭借这笔钱，展开了漫长的调查活动。从 80 岁的老人到 7 岁的学童，从贝纳特牧师的亲属到在校的老师，凡是在该校学习和工作过的人，只要能打听到他们的住址或信箱，他都要给他们寄去一份调查表，问：圣·贝纳特学院教会了你什么？在将近 6 年的时间里，他共收到 3700 多份答卷。在这些答卷中，有 74% 的人回答，他们知道了一支铅笔有多少种用途。

普热罗夫本来的目的，并不是真的想搞清楚这些没有进过监

狱的人到底在该校学了些什么,他的真实意图是以此拖延在美国的时间,以便找一份与法学有关的工作。然而,当他看到这份奇怪的答案时,再也顾不了那么多了,他决定马上进行研究,哪怕报告出来后被立即赶回捷克。

普热罗夫首先走访了纽约市最大的一家皮货商店的老板,老板说:"是的,贝纳特牧师教会了我们一支铅笔有多少种用途。我们入学的第一篇作文就是这个题目。当初,我认为铅笔只有一种用途,那就是写字。谁知铅笔不仅能用来写字,必要时还能用来做尺子画线;还能作为礼品送人表示友爱;能当商品出售获得利润;铅笔的芯磨成粉后可做润滑粉;演出时也可临时用于化装;

削下的木屑可以做成装饰画；一支铅笔按相等的比例锯成若干份，可以做成一副象棋，可以当作玩具的轮子；在野外有险情时，铅笔抽掉芯还能被当作吸管喝石缝中的水；在遇到坏人时，削尖的铅笔还能作为自卫的武器……总之，一支铅笔有无数种用途。贝纳特牧师让我们这些穷人的孩子明白，有着眼睛、鼻子、耳朵、大脑和手脚的人更是有无数种用途，并且任何一种用途都足以使我们生存下去。我原来是个电车司机，后来失业了。现在，你看，我是一名皮货商。"

普热罗夫后来又走访了一些圣·贝纳特学院毕业的学生，发现他们无论贵贱都有一份职业，并且都生活得非常乐观。而且，他们都能说出一支铅笔至少 20 种用途。

普热罗夫再也按捺不住这一调查给他带来的兴奋。调查一结束，他就放弃了在美国寻找律师工作的想法，匆匆赶回了国内。

后来，他成为捷克一家最大的网络公司的总裁。

成 长 智 慧

只要善于开发利用，很多事物除了自身最基本的功用之外，都有很多其他的用途。同样道理，只要善于自我挖掘和开发，一个人的发展潜力更是广阔和不可限量的，你朝哪方面努力发展，就会得到哪方面的回报。

成功并不需要很多,关键要会运用拥有的资源

名人名言

成功的秘诀,在于随时随地把握时机。——宙斯累利

一个生活在苏黎世郊区名叫尤利马斯·马吉的农村青年,在他年幼的时候母亲就去世了。更加不幸的是,在他20岁的时候,与他相依为命的父亲也去世了。

父母留给他的,除了丑陋的长相和一个小小的磨房外,再也没有其他任何的东西了。面对这些,年轻的马吉没有抱怨,也没有泄气。可是他唯一会做的就是磨面粉。他暗下决心,只要世界上能磨的,他都要将它们磨出个样儿来。

一天,他从朋友舒勒医生那里得知,干蔬菜磨碎后,不会损失营养价值。马吉就借了一笔钱,买了蔬菜和豆类干燥机开始生产蔬菜粉和豆粉。当他试着将这些速溶汤料运至市场后,他出人意料地获得了成功。因为他的产品得到了家庭主妇们的高度评价,仅5分钟,一盆热汤就做好了,既省时,又省力。到1886年,马吉已开发出了3种袋装速溶汤料。很快,他的产品畅销欧洲。

欢欣鼓舞的马吉真有些感激父母了,感激他们给自己留下了宝贵的磨房。

在以后的日子里,马吉在磨粉上很下功夫。1890年,他又推出了新产品——能改善菜肴味道的万能调味粉。调味粉可用于

沙司、凉菜、肉鱼、汤以及其他配菜，这款产品一上市又受到了消费者的欢迎。到了 1901 年，马吉这个乡下人已成为在几个国家有企业的大老板了。直至 1912 年马吉去世，他公司的产品仍然畅销欧洲。尤其是两次世界大战，更为速溶产品提供了发展的契机。

当初，曾有人问马吉成功的秘诀，他说："其实，成功并不需要很多，有时只需一个磨房就足够了。"

一家公司招聘营销经理，A 君、B 君和 C 君进入了由公司老总亲自主持的最后一轮考核。没想到，老总开车把三个年轻人拉到了一个果园，然后他指着三棵高大的苹果树，说："你们每人一棵树，看谁摘的苹果最多，谁就能成为本公司的营销部经理。"

老总刚说完，三个人立即扑向果树。A 君身高臂长，站在树下，上下左右开弓，不一会就摘了很多苹果。B 君身体灵巧，他像猴子一样爬上树，闪展腾挪，眨眼间，也摘了不少苹果。只有 C 君生得又矮又胖，他摘的苹果最少。

"要是有架梯子就好了，可哪里有梯子呢？" C 君大脑急速地转动。"果园门卫大爷那儿会不会有？"想到这儿，他立即跑到门卫室，向门卫大爷说明了情况。刚才老总领着他们进来时，只有 C 君热情地和大爷打过招呼，大爷显然对他印象很好。他领着 C 君来到门卫室后面，果然有一架装修用的铝合金梯子摆在那里。C 君谢过大爷，搬着梯子跑回果园。有了梯子，C 君摘起果子来得心应手多了。

这时，A 君、B 君遇到了难题。A 君虽生得高大，却怎么也够不到高处的累累硕果。B 君虽身手敏捷，却不敢爬到细枝上去摘。

这时他俩也想到用梯子，可他俩跑出去找了一圈，也没找到梯子的影子。

等他们气喘吁吁地跑回来，老总对他们说："不用再比了，我宣布：C君被聘为营销部经理。"虽然C君高大比不过A君，灵巧比不过B君，但他面对困难时，却能迅速地找到解决问题的办法，打开局面，这是一个营销部经理最难得的素质。A君、B君输得心服口服。

成 长 智 慧

成功并不需要很多必备的东西，有时只需要一个小小的物件即可，关键的问题是我们要会运用现有的资源。我们都拥有许多属于自己的东西，想一想如何发挥它们的功用，也许成功就离我们不远了。一个人的力量总是有限的，良好的人际关系对一个人的成长壮大起着不可估量的作用。所以，当我们使出浑身解数仍无法解决问题时，别忘了好好利用自身以外的资源，它往往能带给我们意想不到的结果。

专心致志地做一件事,永远都不要放弃

成功是战胜艰难险阻的奋斗结晶。——史密斯

华语歌王周杰伦在 3 岁的时候,就表现出非凡的音乐天赋,妈妈拿出积蓄为他买了一架钢琴,然后用"棍棒教育"的方式,使周杰伦弹得一手好琴。这使他在高中的时候,就成了学校的"知名人物"。

但是"知名"没有给他带来幸运,1996 年 6 月,他高中毕业后就到一家餐馆当了服务生。服务生不好当,稍不留神就会遭到训斥。有一次,他托着菜盘边走边听歌,一不小心与一名女服务员撞了个满怀。女服务员的手被烫出了水泡,她大哭不止。餐厅经理赶过来狠狠地教训了他一顿,又罚了他半个月的薪水。

周杰伦并没有因为"音乐无用"和地位卑微就停止对音乐的追求,他差不多把所有的工资都用来买音乐资料,他几乎把所有的业余时间都用在音乐上,每天他都孜孜不倦地学习。

不久,餐厅配备了钢琴,但是换了几位钢琴师老板都不满意。周杰伦瞅准一个没人的机会忍不住上去弹了一曲,不想马上就被老板知道了。他的弹奏非常合老板口味。于是,这个 18 岁的男孩在人们惊诧的目光中当上了钢琴师。机会终于眷顾他了。

1997 年 9 月,表妹为周杰伦介绍了一个伴奏的机会,但是

他却演砸了。他伴奏的音乐，让歌手唱起来非常难听，舞台下嘘声四起。

周杰伦难受极了，可他并不灰心。

不久，正是这家他去伴奏的阿尔法音乐公司请他专职写歌，他很高兴，辞了职就去了。没想到，公司给他安排的职务却是"音乐制作助理"，这是一个除了写歌，什么杂事都得做的工作，包括给同事买盒饭。但他想至少这里有音乐的环境，怎么也比在餐厅弹琴强，于是他努力地干好所有的事。有一次，因为人数不断增加，他从中午12点开始买盒饭，一直买到下午3点，连水都没顾得上喝，他却毫无怨言。

终于有一天，老板给他配备了一间办公室，让他专职写歌。他有了可以放飞梦想的平台，创作欲望高涨。他创作了大量的歌曲，然而，当他把这些歌曲拿给老板的时候，每一次老板都失望地摇摇头。老板感到，他的音乐天赋很好，可乐曲总是怪怪的，不讨人喜欢。自己创作了这么多的歌，老板却一首也没看中，周杰伦感到很委屈，他想放弃。可是他也明白，如果放弃，就等于自己炒了自己的鱿鱼。

他终于选择不放弃。屈辱激发了他的劲头，他一连七天每天都创作一首歌。老板每天早晨8点上班时，准能见到他的作品。老板虽然觉得他的作品还不成熟，但还是被他感动了。

1998年，公司把他的歌曲《眼泪知道》推荐给刘德华，但是遭到了拒绝。公司又把他专门为张惠妹精心创作的《双节棍》推荐给张惠妹，结果却遭到了更加干脆的拒绝。

一次次的失败使周杰伦迷茫了，他开始怀疑自己。就在这个关键性的时候，老板对他说："别忘了，你对音乐有独特的理解力。"在迷茫的时候，这句肯定的话语，胜过千言万语。在他到这家公司两年多而毫无成绩的时候，老板把他叫到办公室,对他说："我给你10天时间，如果你能写出50首歌，我就从中挑出10首，为你出唱片专辑。"

　　周杰伦简直不敢相信自己的耳朵。一个毫无成绩的人怎会享受如此待遇？当他证实这是"真的"时，他热血沸腾，激动得说不出话来。

　　他拿出拼命的劲头，钻进了创作室，任由灵感喷发。他一首接一首地创作，困了打个盹儿，醒来继续创作。他连轴转了10天，50首歌创作出来了。

　　老板佩服他的速度，也欣赏他的能力，老板兑现了诺言，经过大半年的制作，周杰伦的第一张专辑面世了。没想到专辑刚一上市就被歌迷们抢购一空。

　　从此他的每张专辑都风靡歌坛一发而不可收。

2002 年初，在第八届全球华语音乐榜中榜评选中，他被评为"最受欢迎的男歌手"。

回首自己走过的路，周杰伦说："当幸运之神还未降临的时候，请不要着急，并耐心等待，并非你不是天才，而是时间还未到。我为这一天，努力了 20 年，而且这中间，我从来不曾放弃。"

周杰伦还说："明星梦并非遥不可及，任何人都可以做。我之所以能有今天，是我永不服输的结果。"

成 长 智 慧

很多人之所以能够取得成功，就是因为他能专心致志地做一件事，而且永远都不会放弃。所以，你若想在某个领域里出人头地，就要把自己的全部精力投入进去，而且要永不言败，成功自然会到来。

第三章

只有不停地奋斗，才能成为生活的强者

我们知道，在这个世界上，只有强者才能生存得更好。每个人总有自己不如意的地方，但这并不是逃避成为强者的借口。只有放下姿态，不停地奋斗，才能成为生活的强者。

给自我加重，是不被打翻的唯一方法

名人名言

没有人事先了解自己到底有多大的力量，直到他试过以后才知道。——歌德

一艘货轮卸货返航，在浩瀚的大海上，突然遭遇巨大风暴。

老船长果断下令："打开所有的船舱，立刻往里面灌水。"

水手们担忧："险上加险，不是自找死路吗？"

船长镇定地说："大家见过根深干粗的树被狂风刮倒吗？被刮倒的往往是没有根基的小树。空船时，最容易发生危险，船在负重的时候，才是最安全的。"

水手们半信半疑地照着做了，虽然暴风巨浪依旧那么猛烈，但随着货仓里的水越来越多，货轮渐渐地平稳了。

再来看下面的这个故事。

一个黑人小孩在父亲的葡萄酒厂看守橡木桶。每天早上，他用抹布将一个个木桶擦拭干净，然后一排排整齐地摆放好。令他生气的是往往一夜之间，风就把他排列整齐的木桶吹得东倒西歪。

小男孩委屈地哭了。父亲摸着男孩的头说："孩子，别伤心，我们可以想办法征服风。"

于是小男孩擦干眼泪坐在木桶边想啊想啊，想了半天终于想

出了一个办法，他去井上挑来一桶一桶的清水，然后把它们倒进那些空空的橡木桶里，然后他就忐忑不安地回家睡觉了。

第二天，天刚蒙蒙亮，小男孩就匆匆地爬了起来，他跑到放桶的地方一看，那些橡木桶排列得整整齐齐，没有一个被风吹倒的，也没有一个被风吹歪的。小男孩高兴地笑了，他对父亲说："木桶要想不被风吹倒，就要加重自身的重量。"父亲赞许地笑了。

成长智慧

在这个世界上，有很多我们改变不了的东西，但是我们却可以改变自己，改变自己心灵的重量，这样我们就可以稳稳地站住脚，不被风和其他东西吹倒和打翻。可以说，给自我加重，是一个人不被打翻的唯一方法。

想做就立刻做，不要有半点迟疑

行动，只有行动，才能决定价值。——约翰·菲希特

孟列·史威济非常喜欢打猎和钓鱼，他最喜欢的生活就是带着钓鱼竿和猎枪步行50里到森林里，过几天以后再回来，虽然筋疲力尽、满身污泥，但他快乐无比。这个嗜好唯一的不便：他是个保险推销员，打猎和钓鱼太浪费时间。

有一天，当他依依不舍地离开心爱的鲈鱼湖，准备打道回府时，他突发奇想：在这荒山野地里会不会也有居民需要保险？那不就可以既工作又有户外消遣了吗？结果他发现果真有这种人：他们是阿拉斯加铁路公司的员工。他们散居在沿线五百里各段路轨的附近。他可不可以沿铁路向这些铁路工作人员、猎人和淘金者拉保呢？

史威济就在想到这个主意的当天开始积极计划。他向一个旅行社打听清楚以后，就开始整理行装。他没有停下来让恐惧乘虚而入，他也不左思右想找借口，他只是搭上船直接前往阿拉斯加的"西湖"。

史威济沿着铁路走了好几趟，那里的人都叫他"步行的史威济"，他成为那些与世隔绝的地方最受欢迎的人。同时，他也代表了外面的世界。不但如此，他还学会理发，替当地人免费服务。

他还无师自通地学会了烹饪。由于那些单身汉吃厌了罐头食品和腌肉，他的手艺当然使他变成最受欢迎的贵客啦。同时，他也正在做一件自然而然的事，正在做自己想做的事：徜徉于山野之间，打猎，钓鱼，并且像他所说的那样"过史威济的生活"。

在人寿保险事业里，对于一年卖出100万元以上的人设有光荣的特别头衔，叫作"百万圆桌"。史威济的故事中，最不平常而使人惊讶的是：在他把突发奇想付诸实行以后，在动身前往阿拉斯加的荒原以后，在沿线走过没人愿意前来的铁路以后，他一年之内就做成了百万元的生意，因而赢得"百万圆桌"上的一席之位。假如他在突发奇想时，对于做事的秘诀有半点迟疑，这一切都不可能发生。

成 长 智 慧

很多事本来是可以做成的，但由于当时犹豫不定而错过了时机，或由于考虑太多而放弃了。如果下定决心，就要立刻做，这样会激发你的潜能，会使你的梦想得以实现。

在顽强的意志面前,死神也会退步

名人名言

有了坚定的意志,就等于给双脚添了一双翅膀。——乔·贝利

兰顿先生50岁了,他得了一种难以治愈的疾病——癌症。当时他受病情的影响,体重急剧下降,瘦得有点吓人,癌细胞的扩散使他无法进食。

布恩医生告诉兰顿先生,自己将会全力为他诊治,帮助他对抗癌症。同时,每天会将治疗进度如实地告诉他,并清楚地讲述医疗小组治疗的情形及他体内对治疗的反应,使他对自己的病情有充分了解,并希望他能很好地配合治疗。

其实,就连布恩先生自己也不相信,癌症可以治愈,更何况像他这种重症病人。他只好把希望寄托给上帝。

可是结果却完全出乎布恩医生的意料。因为兰顿先生完全配合医嘱,使治疗过程进行得十分顺利。布恩医生看到了希望,开始教兰顿先生运用想象力,想象他体内的白细胞大军如何与顽固的癌细胞对抗,并最后战胜癌细胞的情景。

结果两个星期之后,医疗小组果然抑制了癌细胞的破坏性,成功地战胜了癌症。对这个杰出的治疗成果,就连布恩医生也感到十分惊讶。

"祝贺你,兰顿先生。"布恩医生对他的康复表示祝贺。

"谢谢你,布恩医生,谢谢你对我的治疗,包括你对我说的那句话。"兰顿先生接着说,"当我刚被确诊的时候,我感觉这个世界已经对我关闭。我只能躺在床上,等待死神的到来。但是我想起了许多事情,我还有爱我的家人和朋友,我的小孙女才会喊我爷爷……所以我不能死,我要活着。"

"很高兴你能这么想,只有留恋这个世界,你才可以得到无穷的力量。"布恩医生说。

"是的,这个力量真巨大,连死神都可以战胜。我一定会把这个秘诀告诉更多的人。"兰顿先生激动地说。

如此成功的疗效,来源于布恩医生运用的心理疗法。他说:"事实上,你可以运用心灵的力量,来决定你的生或死。甚至,如果你选择活下去,你还可以决定要什么样的生命品质。对于癌症病人来说,克服对疾病的恐惧很难,活着的愿望给了他生活的希望,就是要不停地鼓励自己。最后,他成功了。"

成 长 智 慧

依靠顽强的意志,我们可以完成很多看起来不可能完成的事情。强烈的希望就是一种顽强的意志,在这种顽强意志的作用下,我们可以克服许多难以想象的困难,甚至连死神都会退步。

勇于冒险不是碰运气,而是一种积极主动的进取

聪明的冒险是人类谨慎中最值得赞誉的一部分。——哈利法克斯

谈到乔治·索罗斯,很多人都会以为他是个疯狂的赌徒,而实际上,索罗斯是个非常谨慎的人,他敢于冒险,却从不碰运气。

索罗斯是匈牙利犹太人,小时候他饱受德国法西斯的迫害,跟随父母东躲西藏,朝不保夕。

1947年,17岁的索罗斯只身离开祖国,来到英国伦敦。为了生活他干过无数苦力,生活对他来说,只有艰辛。19岁那年,索罗斯考取了著名的伦敦经济学院。他珍惜这个来之不易的学习机会,一刻也不敢放松自己。由于贫困,他不得不一边学习一边打工维持生计。一次,他到火车站当搬运工,不幸摔伤了腿,他只能拄着拐杖,一次次地去慈善机构申请救济。每当回忆起那段日子,他总是说:"我害怕再次跌入和触及那样的生活谷底。"

索罗斯在经济学院毕业后,进入一家证券公司当实习生,他的才华此时开始显露出来,同时他也迷上了充满刺激的证券交易。很快,他凭借自己的聪明才智和勤奋成了这方面的专家。

1956年,索罗斯带着自己的全部积蓄,前往美国纽约开创自己的新天地。他以证券分析家的身份,专门给美国的金融投资机构提供欧洲市场的信息和建议,不久他便因为成功地做成了几笔大交易，声名鹊起。

他每天都要阅读大量的商业报刊，从中寻找那些可能有社会价值和经济价值的内容。他和海内外1000多家公司建立业务联系，每天都要和他们沟通，以便获取重要信息。他每天都要读几十份公司年度报告。索罗斯也关心具体的股票，但不是关注其近期内的动态，而是考虑社会的、经济的、政治的因素会怎样改变产业的未来，从而改变具体股票的命运。

20世纪70年代初，银行的信誉很糟糕，并且人们认为还会

继续糟下去，银行类的股票无人问津。但索罗斯却发现，银行业已悄然出现变化，很多大学毕业生已经在银行里占有一席之地，这些新一代银行家正在分析银行业陷入低谷的原因，并提出新对策。他再仔细观察大银行的经营情况，发觉银行业的状况已略有好转，其前景将会看好。于是，他马上投入大量资金，购买银行业股票。不久，银行业普遍出现新气象，股市里的银行业股票迅速上涨。索罗斯趁机把股票套现，他投入的钱增值了50%。

索罗斯投资十分谨慎，几乎是每战必胜。当别人在市场上追逐某一种股票时，他却在认真地分析全球金融市场的复杂形势。他将全世界的金融市场看成一个棋盘，寻找棋局上的破绽，一旦发现机会，他就全力出击，像火箭一样射向目标。他永远不会在有利可图时，游手好闲地站在一旁。

1973年10月，索罗斯每天都要抢先看报纸上有关中东的消息。埃及、叙利亚和以色列的战争已经爆发。战争开始时，以色列军队处于守势，损失了大量飞机、坦克，还有数千人伤亡。索罗斯的目光盯着报纸上的文字和照片，脑子却在高速运转：以色列为什么开始吃败仗，主要原因是军事装备落后，而他们的军事装备是美国提供的，这就是说，美国的军事装备将要更新换代。这样一来，美国军事工业会有大发展。而现在的状况是，自从越战以来兵工企业大多亏损，并且亏损得越来越严重，这类企业的股票都成为"垃圾股"，没有人买。

索罗斯密切关注军工业的发展，他专程去华盛顿与国防部的官员接触，他还找军工企业的承包商一起喝咖啡。一大圈走下来，索罗斯发现自己的判断是正确的。这时，索罗斯又获得重要信息，一些公司已得到大量订货合同，最近几年利润不会差。于是，索罗斯马上行动。从1974年年中开始，他大量购买军事工业股票，其中包括"诺斯罗普公司""联合飞机公司"和"格拉曼公司"等股票，他还购买了传闻中即将倒闭的"洛克洛德公司"的股票。

1975年，索罗斯买了许多电子类股票。在他看来，在战争中以色列空军输得很惨，主要原因是其电子对抗设备已经落伍，而在现代战争中，武器装备的性能要靠的技术水平实际上取决于电子技术水平。可以预测，电子设备公司将得到大的发展。

果然，军工类和电子类企业空前发展，其股票上涨，为众多的投资者所追捧，索罗斯又大大地赚了一笔。

索罗斯在总结自己成功的原因时说："我渴望生存，但我不愿冒毁灭性的危险。"

成长智慧

要想成功地获取大量的财富，就要承担风险和勇于冒险。勇于冒险不是赌博，也不是碰运气，而是一种积极主动的进取。真正的冒险，不是头脑发热后的产物，而是谨慎的人进行的大胆尝试。

击碎别人嘲笑的目光，做生活中真正的强者

最足以显示一个人的性格的，莫过于他所嘲笑的是什么东西了。——歌德

丹尼斯·罗杰斯上高中时，只有1.5米的身高，36公斤的体重，是一个地道的"矮子"。他的脊柱有些弯曲，整个上身看上去弯成一个问号，他常问自己："我是谁？我将来能干什么？"他不知道。唯一确知的是：自己是一个矮子，他的身高连普通标准都达不到。

由于罗杰斯身材矮小，身单力薄，学校体育队的队员们都叫他"侏儒"。他们常取笑他，知道他打不过他们，便常来欺负他，故意绊倒他，抢他手里的书。罗杰斯经常生活在被恐吓的阴影之中。而且，学校里每一个人都可能是潜在的恐吓者。体育课是最令他头疼的一门功课，有竞赛的项目时，哪一方都不愿要他，他常像皮球一样被踢来踢去。

一天，老师把罗杰斯叫到一边："罗杰斯，我们决定替你转一个班，从现在起，你到特殊教育班去上课吧！"

"特教班？可那是为残疾学生开的班呀！"

"我很抱歉，"他拍拍罗杰斯的肩膀说，"但是我们是为你着想。"

放学了，罗杰斯回到家，"砰"的一声关上房门，在镜子前仔细端详自己：弯腰驼背，手臂细得可怜。他失望地倒在床上。"为什么？为什么我会长成这样？"罗杰斯站起身来，望着父亲在院子里干活的身影发呆。父亲虽然也是小个子，但他曾在军队服役，身上肌肉发达，没人敢欺负他。罗杰斯暗自下了决心。

父亲帮助他自制了一个举重用的杠铃。每天晚上，他都到楼下的储藏室去练习举重。一次次地，罗杰斯逐渐能举起杠铃了。他又不时往上加重量，往往一次加上5磅，他必须要拼足全部力气才能举起来。对罗杰斯来说，这不仅仅是举杠铃，这是向自我挑战。

他要改变自己弱不禁风的形象。他开始吃大量富含蛋白质的食物，并在各种健美杂志中寻求帮助。6个月后，在罗杰斯17岁生日的这一天，他仍然只有1.52米高，但体重已达到了40公斤。

父亲替人做船上用的帆布帐篷，罗杰斯常帮父亲干活。一天，他把一卷帆布从汽车里搬到山坡上的工厂去。这卷帆布大概有6英尺长，80多公斤重。他把它扛上肩，往前迈了一步。哟，好重！但是，他不能扔下。他跟跟跄跄地爬上山坡，累得满头大汗，最终他一个人把这卷帆布扛上了山坡。他惊讶不已，简直不敢相信自己的锻炼已经初见成效。

罗杰斯便做了一个实验：在杠铃上放上迄今为止能举起的重量，然后再加上额外的50磅。"不要去想你的个子，"他告诉自己，"举就是了，你能行。"他举了，居然举起来了！他知道为什么自己能举起这么重的东西了。过去，他总认为自己的个子小，越是这样，就越是限制了自己潜能的发挥。

从此，罗杰斯开始正规地学习举重，他每天都去体育馆训练。他的肌肉增多了，力气增大了，微驼的脊背伸直了。有不少在这里锻炼的人都爱掰手腕，他也加入其中。最初，当罗杰斯在他们面前坐下的时候，他们都以嘲笑的眼光看着他。罗杰斯不理会这些，他把他们一个一个地都打败了。但是，罗杰斯输给了一个叫鲍勃的人。

一天，罗杰斯在健美杂志上看见一则东海岸将举行掰手腕比赛的广告，他告诉鲍勃，自己也想去参加比赛。

"想都别想，"鲍勃说，"那都是一些专业人士，他们一年到头都在训练。弄不好，你还会受伤的。"

罗杰斯不相信，他走进了东海岸掰手腕比赛的现场。罗杰斯遇到了同样轻视嘲笑的目光，然而，他打败了所有的对手。那天结束的时候，罗杰斯成了比赛的冠军，一个真正的强者。

成 长 智 慧

别人看不起我们没关系，重要的是我们要看得起自己，绝不能自暴自弃。只有充满信心，不断磨炼自己，让自身逐步完善壮大，才能击退别人轻视嘲笑的目光，做生活中真正的强者。

面对强大的对手时，不要急于求成

谁是不可战胜的人？那种在任何时候都临危不惧的人。——爱比克泰德

北宋名将曹玮有一次率军与吐蕃军队作战，初战告捷，敌军溃逃。曹玮故意命令士兵驱赶着缴获的一大群牛羊往回走，牛羊走得很慢，落在了大部队后面。

有人向曹玮建议，"牛羊用处不大，又会影响行军速度，不如将它们扔下，我们就能安全迅速地赶回营地"。曹玮不接受这一建议，也不做任何解释，只是不断派人去侦察吐蕃军队的动静。吐蕃军队狼狈逃窜了几十里，听探子报告说，曹玮舍不得扔下牛羊，致使队伍乱哄哄地不成队形，便掉头赶回来，准备袭击曹玮的部队。

曹玮得到这一情报，便让队伍走得更慢，到达一个有利地形时，便整顿人马，列阵迎敌。当吐蕃军队赶到时，曹玮派人传话给对方统帅："你们远道赶来，一定很累吧。我们不想趁你们劳累时占便宜，请你让兵马好好休息，过一会儿再决战。"吐蕃将士正苦于跑得太累，很高兴地接受了曹玮的建议。

等吐蕃军队歇了一会儿，曹玮又派人对其统帅说："现在你们休息得差不多了吧？可以上阵打一仗啦！"于是双方列队开战，只一个回合，就把吐蕃军队打得大败。

这时曹玮才告诉部下："我若扔下牛羊，吐蕃军队就不会杀回马枪而消耗体力，这一去一来的，毕竟有百里之遥啊！我若下令与远道杀来的吐蕃军队立刻交战，他们定会挟奔袭而来的一股锐气拼死一战，双方胜负难定；只有让他们在长途行军疲劳后稍微休息，腿脚麻痹、锐气尽失后再开战，才能一举将其歼灭。"

成长智慧

在竞争日益激烈的今天，掌握战胜对手的技巧非常重要。面对强大的对手时，不要急于求成，须以恭维之辞和丰厚之礼示弱，使对方产生优越感，人一旦骄傲起来，就很容易暴露缺点，这时我们就可以轻松获胜。

在强者面前,弱者要懂得保护自己

人多不足以依赖,要生存只有靠自己。——拿破仑

一场疫病在动物王国里肆意泛滥,因这种疾病而死的动物不计其数。动物之王老虎召开了紧急会议。

听完各类动物代表汇报的情况后,老虎说:"动物王国现在遭遇不幸,肯定是有谁触怒了上帝。现在我们就反省自己所做的坏事,看看到底是什么原因。不管是谁,只要是它的行为触犯了戒律,我们就用它祭祀上帝,以此恳求它的饶恕。"

大家都觉得有道理,也很公平,于是都同意了。

先是肉食动物述说自己的罪行。老虎说:"我有过不对,前两天我看到一只受伤的梅花鹿,就把它抓来吃了。"

裁定者狐狸马上说:"大王您本来就是肉食动物,吃点肉无可厚非,再说,梅花鹿受伤了,您正好把它从痛苦中解脱出来了。"

接下来,肉食动物轮流叙述自己的错误。狐狸裁断说,它们做的事情都不足以激怒上帝。

轮到草食动物,驴子老老实实地说:"我前几天看到树上的新芽绿油油的,禁不住吃了一些,除此以外,我一直安分守己!"

狐狸听后,立即说:"你是草食动物,吃草就行了,啃树芽就是抢大家的食物。树芽肯定特别难受,就是你的行为违背了上帝的安排。"

以老虎为首的肉食动物立即提议，把驴子杀了祭祀上帝，表达动物们的忏悔。

仪式完毕后，驴子成了老虎口中的美食。

成长智慧

在这个世界上，强者无疑更有生存的能力，大部分的规矩也是由强者制定出来的，但强者定出来的规矩肯定会疏忽弱者的利益，或者可以说其本身的意图就是要欺压弱小。所以，在面对强者时，弱者应该想方设法保护好自己。

强迫自己立刻去做,别让自己有时间害怕

命运害怕勇敢的人,而专去欺负胆小鬼。——塞涅卡

克里蒙·史东是美国"联合保险公司"的董事长,美国的商业巨人之一,被称为"保险业怪才"。

史东自幼丧父,靠母亲替人缝衣服维持生活,为补贴家用,他很小就出去卖报纸了。有一次,他走进一家饭馆叫卖报纸,又气又恼的餐馆老板一脚把他踢了出去,可是史东只是揉了揉屁股,手里拿着更多的报纸,又一次溜进了餐馆。那些客人被他坚韧不拔的精神所感动,劝老板不要再撵他,并纷纷买他的报纸看。史东的屁股被踢痛了,但他的口袋里却装满了钱。

勇敢地面对困难,不达目的决不罢休——史东就是这样的孩子,后来也仍是那种人。

史东还在上中学的时候,就开始试着推销保险了。他来到一栋大楼前,当年叫卖报纸时的情形又出现在他眼前,他一边发抖,一边安慰自己说:"如果你做了,没有损失,而可能有大的收获,那就放手去做,而且马上就做。"

走到大楼前,他想如果他被踢出来,他准备像当年卖报纸被踢出餐馆时一样,再试着进去,但他没有被踢出来。每一间办公室,他都去了。他的脑海里一直想着:"马上就做!"每一次走出一

间办公室而没有收获的话,他就担心到下一个办公室会碰到钉子。不过,他强迫自己马上走进下一个办公室。他找到一项秘诀,就是立刻冲进下一个办公室,就没有时间因感到害怕而放弃。

那次,有两个人跟他买了保险。就推销数量来说,他是失败的,但在了解他自己和推销术方面,他有了极大的收获。

第二天,他卖出了4份保险。第三天,6份。他的事业逐渐有了起色。

20岁的时候,史东自己创立了只有他一个人的保险经纪社,开业的第一天,他就在繁华的大街上售出了54份保险。

通过积极进取,终于有一天,他创下了一个令人几乎不敢相信的纪录——他一天内售出了122份保险。

成长智慧

有些事一旦犹豫,害怕就会乘虚而入,十有八九事情就会被放弃。很多时候,我们要强迫自己立刻去做,好让自己没有时间害怕。对于某些事,如果你硬着头皮立刻去做,往往还真能把事办成。

第四章

只有行动了，才会知道结果

行动就像是火种，一旦点着了，就会燃烧出熊熊大火，一发而不可收。只要我们去行动，就会有一扇门为我们开启；如果我们不迈开人生的那一步，那么属于我们的那扇门就永远是关着的。

如果认为自己的主意好，就去试一试

一个尝试错误的人生比无所事事的人生更荣耀，并且有意义。——萧伯纳

企业巨子迈克尔·戴尔总喜欢这样说："如果你认为自己的主意很好，就去试一试！"

当迈克尔·戴尔进入得克萨斯大学的时候，像大多数大一学生那样，他需要自己想办法赚零用钱。那时候，大学里人人都希望拥有一台个人电脑，但由于电脑售价太高，许多人买不起。那时市场上没有既能满足人们的需要而又售价低廉的电脑。

戴尔心想："经销商的经营成本并不高，为什么要让他们赚那么丰厚的利润？为什么不由制造商直接卖给用户呢？"戴尔知道，IBM公司规定经销商每月必须提取一定数额的个人电脑，而多数经销商都无法把货全部卖掉。如果存货积压太多，经销商会损失很大。于是，他按成本价购进经销商的存货，然后在宿舍里加装配件，改进性能，这些经过改良的电脑十分受欢迎。戴尔见到市场的需求巨大，于是在当地刊登广告，以零售价的八五折推出经他改装过的电脑。不久，许多商业机构、诊所和律师事务所都成了他的主顾。

有一次戴尔放假回家，他的父母表示担心他的学习成绩。"如果你想创业，等你获得学位之后再说吧。"戴尔答应了，可是一回到学校,他就觉得如果听父母的话,就是在放弃一个难得的机会。"我认为我绝不能错过这个机会。"一个月后,他又开始销售电脑,每月赚 5 万多美元。

戴尔坦白地告诉父母:"我决定退学,自己开办公司。""你的目标到底是什么?"父亲问道。"和 IBM 公司竞争。"他的父母觉得他太好高骛远了。但无论他们怎样劝说,戴尔始终坚持己见。终于,他们达成了协议:他可以在暑假时试办一家电脑公司,如果办得不成功,到 9 月份他就要回学校去读书。戴尔回学校后,拿出全部积蓄创办了戴尔电脑公司。他以每月续约一次的方式租了一个只有一间房的办事处,雇用了第一位雇员,他是一名 28 岁的经理,主要负责处理财务和行政工作。在广告方面,他在一只空盒子底上画了戴尔电脑公司第一个广告的草图。他的一位朋友按草图重绘后拿到报馆去刊登。戴尔仍然专门直销经他改装的 IBM 公司的个人电脑。公司第一个月的营业额达到了 18 万美元,第二个月的营业额达到了 26.5 万美元,不到一年,他便每月售出个人电脑 1000 多台。于是,戴尔毅然地走出了学校,开创自己的事业。

到了迈克尔·戴尔的其他同学大学毕业的时候,他的公司每年营业额已达 7000 多万美元。

成长智慧

一个人要做一件事,常常缺乏迈出第一步的勇气。但如果你鼓足勇气开始做了,就会发现做一件事最大的障碍往往来自自己的内心,更主要的是缺乏行动的勇气。有勇气开了头,再往下做就会顺理成章了。

只有全面地了解自己,才会取得你想要的成功

知人者智,自知者明。——老子

有一个25岁的小伙子,因为对自己的工作不满意,他跑来向柯维咨询。他的生活目标是:找一个称心如意的工作,改善自己的生活处境。

"那么,你到底想做点什么呢?"柯维问。

"我也说不太清楚,"年轻人犹豫不定地说,"我还从来没有考虑过这个问题。我只知道我的目标不是现在的这个样子。"

"那么你的爱好和特长是什么呢?"柯维接着问,"对于你来说,最重要的又是什么?"

"我也不知道,"年轻人回答说,"这一点我也没有仔细考虑过。"

"如果让你选择,你想做什么呢?你真正想做的是什么?"柯维对这个话题穷追不舍。

"我真的说不准,"年轻人困惑地说,"我真的不知道我究竟喜欢什么,我从没有仔细考虑过这个问题,我想,我确实应该好好考虑考虑了。"

"那么,你看看这里吧,"柯维说,"你想离开你现在所在的位置,到其他地方去。但是,你不知道你想去哪里,你不知道

你喜欢做什么，也不知道你到底能做什么。如果你真的想做点什么的话，那么，现在你必须拿定主意。"

柯维和年轻人一起进行了彻底的分析。柯维对这个年轻人的能力进行了测试，他发现这个年轻人对自己所具备的才能并不了解。柯维知道，对每个人来说，前进的动力是不可缺少的，因此，他教给年轻人培养信心的技巧。

几天之后，年轻人又找到了柯维，并告诉柯维，他已经找到了自己喜欢和想做的事情——烹饪。这位年轻人已经满怀信心地踏上了征程。他已经知道他到底想干什么，知道他应该怎么做。他懂得怎样才能事半功倍，他期待着收获，他也一定能获得成功——因为没有什么困难能挡住他前进的脚步。没过几年，这个年轻人已经在烹饪界崭露头角，获得了他想要的成功。

成 长 智 慧

无论在生活还是在工作中，都要对自己做一个全面的了解，找出自己想要的到底是什么，找出自己到底想做什么，然后再明确自己的目标和方向，并为之努力奋斗。只有这样，才会取得你想要的成功。

拥有了好的性格，就拥有了美好人生

　　一个人的性格决定着他的命运。——绪儒斯

　　马里有个年轻小姐长得花容月貌，国色天香，每天都有一群群的求婚者围着她转来转去。求婚者当中有三个看来最有希望：一个是地方官的少爷，一个是宗教领袖的儿子，另一个则是本地首富的独生子。

　　小姐有个女仆，和小姐是密友。女仆认为必须马上在三个求婚者当中做出选择。她想出了一个主意，也没征得主人的同意，就决定实施了。

　　那天晚上，三个求婚者分别在自己平时的位置上坐定，女仆也像往常一样往来于小姐和他们之间，传情送话。当女仆从三人中间回到小姐身边时，她使劲地掏自己的口袋，好像在寻找什么东西。这时有人问她找什么，她说："我在找一张100郎的钞票，在我去问候这些先生之前，它还在我的兜里，而现在却不见了，既然这样，那就不能排除下面这种可能性：一个求婚者在我放心地和他交谈时，把我的钱给偷走了。"

　　女仆话音刚落，地方官的儿子便猛地站起身来，拔刀出鞘，大声喊道："你竟敢指控我这样一个贵族的后代进行偷窃，真是岂有此理！你如此放肆，我一定饶不了你！"大家好说歹说才把他劝住。

"尊贵的武士,对您刚才这场异乎寻常的表演,我毫不在乎。而我坚决要把我的钱找回来,请您不要介意。"女仆反唇相讥。

首富的儿子火气也不小,他对女仆说道:"如果你有一点常识,那你就不会怀疑像我这样的人会偷你一张 100 郎的票子,我告诉你,如果我愿意,我能用现钞铺满整个院子,而且不是用你声称丢失的那种 100 郎的票子,而是用 1000 郎的票子,现在我就给你表演一番,好叫你开开眼界,见见世面。"青年从兜里掏出一张 5000 郎的钞票,把它卷成细筒,叼在嘴唇上,然后就像普通香烟一样点着了火。"开眼界了吧?现在,你如果收回对我的怀疑,那你就可以成为最富有的奴隶。"

"我要你那些 1000 郎和 5000 郎的钞票干什么?"女仆反驳道,"我只要找回我那张 100 郎的票子,把它还给我,就什么事也没有了,你刚才吹了半天牛,可以说,那跟我找钱毫无关系。"

当轮到宗教领袖的儿子讲话时,他面带笑容,走上前来说道:"小姐,你胜利了!是我拿了你的钱,为的是看看你的反应。来,到这儿来,还给你。我只不过是想和你开个小玩笑,可真遗憾,你却吵嚷了这么半天。"

女仆没等他说完,就走到小姐的跟前,说道:"尊贵的小姐,这位青年配得上做您的丈夫。其实,我什么也没丢,我只不过是要考验考验这些青年人,结果他们中的每一个人的性格全部暴露无遗,一个谚语说得好:人们拿一根棍子可以看一群羊;相反,要看一群人,却需要对每个人都准备一根特殊的棍子。经过考验已看得很明显:一个青年人太傲慢,另一个则太爱炫富。看

来，他们都容不下您和您周围的人，而第三个青年，他宽厚、耐心、谦虚，这样的人能谅解我们，指导我们，帮助我们，容得下我们，使我们生活得幸福。因此，他将是您理想的伴侣。皇冠明天可能被打掉，财富后天也可能丢失，但一个人的性格是毁不掉的。人的性格决定了人的优劣。"

这样，小姐依靠女仆的心理测验法，在众多的求婚者当中选了一个好丈夫。

成长智慧

权势再大的人，也有失势的时候；金钱再多，也有被挥霍一空的那一天；好的性格却是什么时候都毁不掉的。性格决定人品优劣，好的性格还可以帮助一个人去谋求财富和权势。可以说，拥有了好的性格，就拥有了美好人生。

梦终归只是梦，只有行动才能获得实惠

一分耕耘，一分收获，要收获得好，必须耕耘得好。——徐特立

哈萨克族的和加·纳斯尔到一家毡房里做客。这座毡房里住着两个吝啬的亲兄弟。

当和加·纳斯尔走进毡房时，他们的锅里正煮着一只鹌鹑。他们一见和加·纳斯尔，马上撤去了锅下的柴火，在锅架上挂上了一壶茶。

"你们干吗煮茶添麻烦呢？我们喝上一碗肉汤，让油花沾沾嘴唇，不就行了吗？"客人说。

"您先喝碗茶吧！锅里煮的只有一只鹌鹑，我和我弟弟两人打算睡觉时分别做上一梦，第二天喝早茶时，各自把梦讲述一遍，我俩谁的梦好，这只鹌鹑就归谁吃。"哥哥说。

"这么说，我也需要做梦吗？"和加·纳斯尔问道。

"当然，您同样需要做梦。假如您的梦比我们两人的梦都好，鹌鹑就归您吃。怎么样？现在请喝茶吧！"

就这样，和加·纳斯尔在这对吝啬兄弟的捉弄下，瘪着肚子躺下了。

第二天清晨，当他们起床穿衣服的时候，和加·纳斯尔便问起梦来。

大哥说:"我梦见我和妻子及两个孩子全都披绸穿缎,骑着神鸟,在辽阔的蓝天里自由翱翔,她们穿过一团团白云,向天空中最美的太阳和月亮飞去。那里应有尽有,地上遍布着财宝,星星都簇拥在我们周围。"

弟弟接着说:"我哥哥一家在天空飞翔的情景,我也在梦中见到了。但是,我的梦更奇特。我一下子娶了三个老婆,又生下了十三个孩子。我们全家想吃什么便有什么,过上了非常富裕的生活。我又被百姓们推选为可汗。一天,我们坐上轿子,来到了海边,然后,又坐上船,在无边无际的大海里游玩、散心。世上的百姓全都惊异地望着我们。可是,我们连看也不看他们。"

这时,和加·纳斯尔说:"你们两个的梦都很有趣。我在梦中一直看着你们俩干这又干那,我想:你们两个都过上了这样幸福富裕的生活,一个在天上飞,一个在海里游,对你们来说,这口黑锅中煮的那只又小又不好的鹌鹑,还有什么用呢?于是,我半夜爬起来,把它吃了。"

两兄弟目瞪口呆,掀起锅盖一看,肉真的没有了。

成长智慧

不管你的梦做得有多么好,你都不可能真正地拥有梦中的东西。但是,在现实生活中,无论你做了多么微不足道的事情,也不管它是不是值得一提,这件事情却是真实存在的,是你可以拥有的。要知道,只有行动起来,才会得到真正的实惠。

改变你的生活目标，就会改变你的命运

决定一个人的一生以及整个命运的，只是一瞬之间。——歌德

一天晚上，德国纳粹闯入史坦尼斯拉夫斯基的家，把他们一家全部送进了克来寇死亡集中营，最后还当着他的面把他的家人全部处死了。

从此以后，他跟集中营里的其他犯人一同做工，每天从日出做到日落，由于食物配给不足，他十分瘦弱，加上想起家人的惨死，常使他悲痛莫名。有哪个人能受得了这种折磨呢？可是他得继续承受下去。有一天他突然醒悟，像这样的地方若是再待下去，迟早是会送命的，于是他决定逃亡。虽然在此之前没有人成功逃脱，可是史坦尼斯拉夫斯基相信天无绝人之路。

之前他只想如何在这个集中营里活下去，可是如今想法变了，他自问："要怎么样才能逃出这个地狱？"然而脑子一遍又一遍给他相同的答案："别傻了，你绝无逃脱的机会，这样子胡思乱想只会使你更痛苦！"可是他就是不接受这个答案，仍不时自问："我得怎么办才行？一定有逃脱的办法，只是我要怎样脱离这个地方呢？"

终于有一天答案出来了，就在做工地点数尺之外，他闻到股臭味，臭味出自于被瓦斯毒死的男女老幼尸体，他们全都赤条条

地堆在一辆卡车上。见状他想:"上天怎会允许这种惨绝人寰的事情发生呢?"然后他自问:"我怎样利用这个机会逃脱呢?"

当日薄西山,夜幕渐临,囚犯们要回营之际,他逮住机会,迅速褪去衣裤,全身赤裸地钻进尸堆,幸好没有人发现,事实上也没有人会想到。

一具具尸体陆续被堆在他的身上,周遭全是令人作呕的腐尸臭味,但他就是动也不动。终于他听到引擎发动的声音,然后卡车开动的声音了,没多久卡车来到了一个大坑前,车上所有的尸体便被倾倒了下去。他一直不敢动,直到确定附近没有一个人,才爬出那个大坑。随后,他不顾一切地赤裸拔足飞奔,整整跑了四十公里而终获自由。

成长智慧

很多时候,我们的命运如何,取决于我们对生活抱有什么样的目标,不一样的目标就会有不一样的命运。如果你的目标是一成不变的话,你的命运就不会有什么改变;当你的目标改变了,你的命运才会随之而改变。

要想事后不后悔,该出手时就出手

只有愚者才等待机会,而智者则造就机会。——培根

据说欧洲某国有一条奇怪的法律:夜里 12 点过后,警察不能抓小偷,否则就有可能受到小偷的控告,接受法律的制裁,因为前者侵犯了后者的人权。

干了十几年警察的哈德利当然对这条法律烂熟于心,不敢轻易违背。

有一次,哈德利下班回家时有点晚了,当经过一家自来水厂时,他发现一个黑影正在翻越自来水厂的围墙。是小偷!哈德利抬手看看表,时间已过 12 点,管还是不管?就在他左右为难的时候,他忽然下意识地感觉今天的这个黑影,可能不是一般的小偷,因为很少有小偷到自来水厂行窃。

哈德利决定挑战一回法律,哪怕仅仅是个误会,他也要把那家伙抓住,问问他想干什么。哈德利当机立断,他把那家伙从围墙上拉了下来。小偷不肯就范,哈德利一拳将对方打昏,从对方身上搜出一袋白色粉末,那袋白色粉末竟是剧毒药物氰化钾。白色粉末的持有者是一个邪教组织的成员,他企图把它投进自来水系统。如果这个阴谋得逞,后果将不堪设想。

后来,哈德利不仅没有受到法律的制裁,还得到了提升,受到了政府的嘉奖和全市人民的感谢，他成了人们心目中的英雄。

面对记者的采访，哈德利只说了一句话："我之所以不顾一切地抓住那家伙，是因为我明白，在当时我是唯一能够制止他的人，如果我因为害怕某种规定而不抓住这个机会，事后我肯定会后悔，尽管当时我并不清楚那个家伙到底想干什么。"

成 长 智 慧

很多时候，很多人都会为了某件事情而悔不当初，他们通常会气自己当时为什么没有怎么怎么做之类的。其实，当事情已经过去的时候，再后悔就太晚了，它不会给我们重来一次的机会。所以，如果想要事后不后悔，就要把握住每一个机会，该出手时就出手。

好运气不是上天赐予的,而是靠自己赢来的

如果良机不来,就亲手创造吧。——斯迈尔斯

经济萧条时期,钱很难赚。一个有孝心的小男孩,实在看不下去父母起早贪黑地工作却仍然无法解决整个家庭的温饱问题,所以他偷偷地溜到大街上想找份工作。他的运气还算不错,真的有一家商铺想招一个小店员。小男孩就跑去试。结果,算他在内共有7个小男孩都想在这里碰碰运气。

店主说:"你们都非常棒,但遗憾的是我只能要你们其中的一个。我们不如来个小小的比赛,谁最终胜出了,谁就留下来。"

这样的方式不但公平,而且有趣,小家伙们当然都同意。

店主说:"我在这里立一根细钢管,在距钢管2米的地方画一条线,你们都站在线外面,然后用小玻璃球投掷钢管,每人10次机会,谁掷准的次数多,谁就胜了。"

结果天黑前谁也没有掷准一次,店主只好决定明天继续比赛。

第2天,只来了3个小男孩。店主说:"恭喜你们,你们已经成功地淘汰了4个竞争对手。现在比赛将在你们3人中间进行,规则不变,祝你们好运。"

前两个小男孩很快掷完了玻璃球,其中一人还掷准了一次

钢管。

轮到这位有孝心的小男孩了。他不慌不忙地走到线跟前，瞄准立在2米外的钢管，将玻璃球一颗一颗地投掷出去。

他一共掷准了7次。

店主和另外两个小男孩十分惊诧：这种游戏几乎完全靠运气，好运气为什么会一连在他头上降临七次？

店主说："恭喜你，小伙子，最后的胜利者当然是你。可是你能告诉我，你胜出的诀窍是什么吗？"

小男孩眨了眨眼睛说："这比赛是完全靠运气的。为了赢得好运气，昨天我一晚上没睡觉，我一直在练习投掷。"

成长智慧

一个人的好运气并不是上天赐予的，而是靠自己的努力赢来的。只要你肯付出，你就会有所收获；只要你比别人更努力，好运气自然就会降临。

无论参加什么比赛,都是规则比速度更重要

世界上的一切都必须按照一定的规矩秩序各就各位。——莱蒙特

虎大王的府邸需要一名守卫,虎大王决定采用公开招聘的办法确定守卫由谁来担当。

有关招聘的通知发出以后,动物们纷纷报名。经过层层筛选,黄牛、狐狸、老鼠胜出,进入最后的选拔。这三名动物各有所长,都身手不凡。黄牛力大无穷,且忠心耿耿;狐狸聪明绝顶,行动敏捷;老鼠十分机警,并善于打洞。总之,三位都是动物中的佼佼者,谁都有能力胜任守卫一职。然而,守卫的名额只有一个,只能采取公平竞争的方式进行淘汰。

最后的选拔采取现场比赛的办法。比赛的内容是:三名竞聘者从山底出发奔向山顶那棵老松树,要求沿着山间那条弯弯曲曲的羊肠小道奔向目标。

比赛开始了。狐狸沿着羊肠小道飞奔一阵后,心想:"我能找到一百条通向山顶老松树的路,哪条路都比那条羊肠小道近。"它向四周望了望,没有看到其他动物,于是,它迅速离开羊肠小道,沿着一条捷径奔向山顶。老鼠沿着羊肠小道跑了一阵后,心想:"傻瓜才按规定的路线跑呢。"它很熟练地钻进路旁的一个地洞,这洞直通山顶。黄牛也能找到通往山顶的捷径,但它想:"比赛规定

是沿羊肠小道奔向山顶,如果走捷径那就是欺骗行为。"而黄牛的处世原则是不欺骗,黄牛在任何时候都不会打破这个原则。

老鼠第一个到达老松树下,它的脸上露出得意的微笑,好像是在说,瞧,我赢了。狐狸第二个到达目的地,它看到老鼠先到了,脸上露出不服气的神情。黄牛最后一个到达山顶,它看了看先到的老鼠和狐狸,心里很平静,它早已料到了这一结果。

虎大王早已等候在山顶。三名动物到达山顶后,它宣布比赛结果:黄牛胜出,守卫一职由黄牛担当。

大家对此结果感到莫名其妙。

明明是黄牛落在后面,怎么能认定它赢了呢?

老鼠、狐狸都表示不服,到虎大王面前要讨个说法。

只见虎大王不紧不慢地说:"这次比赛是规则测试,考的是谁能遵守规则,规则比速度更重要,你们懂吗?"

闻听此言,大家如梦方醒。

成 长 智 慧

循规蹈矩、遵守规则的人会给人忠诚可靠的印象;而投机取巧、喜欢耍小聪明的人则会给人滑头、靠不住的感觉。所以,相比之下,前者在人们心目中的地位要明显高于后者。

第五章

接受不幸不如接受挑战，相信命运不如相信自己

很多事实都证明：接受不幸、屈服命运的人，最终会成为命运的奴隶；纵然遭遇不幸，却能积极地挑战不幸、不屈服命运的人，一定能在不幸的基础上获得成功。

当产生畏难情绪时,要强迫自己坚持下去

谁若是有一刹那的胆怯,也许就放走了幸运在这一刹那间对他伸出来的香饵。——大仲马

有一个年轻人很喜欢写作,他周围的朋友都认为他很有才华,但很奇怪他为什么不能靠写作维持自己的生活。

这个年轻人认为,他必须先有了灵感才能开始写作——作家只有感到精力充沛、创作力旺盛时才能写出好的作品。为了写出优秀作品,他觉得自己必须"等待情绪来了"之后,才能坐在打字机前开始写作。如果他某天感到情绪不高,那就意味着他那天不能写作。

不难看出,要具备这些理想的条件并不是有很多机会的。所以,他很难感到有创作的欲望和灵感。这便使他的情绪变得很坏,很难有好的情绪出现,因此他就写不出东西来。

有一段时间,每当他想要写作的时候,他的脑子就变得一片空白,这种情况使他感到害怕。所以,为了避免瞪着屏幕发呆,他就干脆离开电脑。他去收拾一下花园,把写作忘掉,心里马上就好受些。他也用其他办法来摆脱这种困境,比如去打扫卫生间,或去刮胡子。但是,对于他来说,在盥洗间刮胡子或在花园种种玫瑰,都无助于写出文章来。

后来，他借鉴了某著名作家的一条经验：对于"情绪"这种东西可不能心软。从一定意义上来说，写作本身也可以产生情绪。有时，我感到疲惫不堪，精神全无，连五分钟也坚持不住了；但我仍然强迫自己坚持写下去，而且不知不觉地，在写作的过程中，情况完全变了样。'

年轻人认识到，要完成一项工作，必须待在能够实现目标的地方才行。要想写作，就非在电脑前坐下来不可。

经过冷静的思考，他决定马上开始行动。他把起床的闹钟定在每天早晨七点半钟。到了八点钟，他便可以坐在电脑前。他的任务就是坐在那里，一直坐到他写出东西。如果写不出来，哪怕坐一整天，也在所不惜。他还订了一个奖惩办法：早晨打完一页纸才能吃早饭。

第一天，他忧心忡忡，直到下午两点钟他才用电脑打完一页纸。第二天，有了很大进步。他坐在电脑前不到两小时，就打完了一页纸，较早地吃上了早饭。第三天，他很快就打完了一页纸，接着又连续打了五页纸，才想起来吃早饭。

最后，他的作品终于完成了。后来，他成了一位小有名气的作家。

成 长 智 慧

有很多事情的确需要好的情绪才能做好，但有好情绪的时候往往并不多。这种情况下，就不要等待好情绪的出现，因为越等待，拖延的时间就越长。最好的办法是强迫自己坚持做下去。

时间不等人,延迟决定是最大的错误

果断的信心和决定,能使平凡的人们,做出惊人的事业。

——马尔顿

有这样一个故事。

美国拉沙叶大学的一个业务员前去拜访西部一小镇上的一个房地产商人,想把一个销售及商业管理课程介绍给这位房地产商人。这个业务员到达房地产商人的办公室时,发现他正在一架古老的打字机上打着一封信。这个业务员自我介绍一番,然后开始介绍他所推销的这个课程。

那位房地产商人听得津津有味。然而,听完之后,却迟迟不发表意见。

这个业务员只好单刀直入地问:"你想参加这个课程,不是吗?"

这位房地产商人无精打采地回答说:"哎,我自己也不知道是否想参加。"

他说的倒是实话,因为像他这样难以迅速做出决定的人不在少数。这个对人性有透彻认识的业务员,站起来准备离开,但接着他采用了一种多少有点刺激的战术。下面这些话使房地产商人大吃一惊。

"我决定向你说一些你不喜欢听的话,但这些话可能对你很有帮助。

"先看看你工作的办公室,地板脏得可怕,墙壁上全是灰尘。你现在所使用的打字机看来好像是大洪水时代诺亚先生在方舟上所用过的。你的衣服又脏又破,你脸上的胡子也未刮干净,你的眼光告诉我你已经被打败了。

"在我的想象中,在你家里,你太太和你的孩子穿得也不好,也许吃得也不好。你的太太一直忠实地跟着你,但你的成就并不如她当初所希望的。在你们结婚时,她以为你将来会有很大的成就。

"请记住，我现在并不是向一位准备进入我们学校的学生讲话，即使你用现金预缴学费，我也不会接受。因为，如果我接受了，你也不会拥有完成课程的进取心，而我们不希望我们的学生当中有人失败。

"现在，我告诉你经常失败的原因，那是因为你没有做出一项决定的能力。

"在你的一生中，你一直养成一种习惯：逃避责任，无法做出决定。结果到了今天，即使你想做什么，也无法办得到了。

"如果你告诉我，你想参加这个课程，或者你不想参加这个课程，那么，我都会同情你，因为我知道，你是因为没有钱才如此犹豫不定。但结果你说什么呢？你说你也不知道是否想参加。你已养成逃避责任的习惯，无法对影响到你生活的所有事情做出明确的决定。"

这位房地产商人呆坐在椅子上，下巴往后缩，他因惊讶而瞪大了眼睛，但他并不想对这些尖刻的指控进行反驳。

这时，这个业务员说了声再见，走了出去，他随手把房门关上，但又再度把门打开，走了回来，他带着微笑在那位吃惊的房地产商人面前坐下来，继续他的谈话。

"我的批评也许伤害了你，但我倒是希望能够触怒你。我认为你很有智慧，而且我确信你很有能力，但你不幸养成了一种令自己失败的习惯。我可以扶你一把，你可以再度站起来，只要你愿意原谅我刚才所说过的那些话。

"你并不属于这个小镇。这个地方不适合从事房地产生意。你赶快替自己找套新衣服，即使向人借钱也要去买来，然后跟我去圣路易市。我将介绍一个房地产商人和你认识，他可以给你一些赚大钱的机会，同时还可以教你一些这个行业的注意事项，你以后投资时可以运用。

"你愿意跟我来吗？"

那位房地产商人竟然抱头痛哭起来。最后，他努力地站了起来，和这个业务员握握手，感谢他的好意，并说他愿意接受他的劝告，但要以自己的方式进行。他要了一张空白报名表，签字报名参加了销售与商业管理课程，并且先交了第一期的学费。

三年以后，这位房地产商人开了一家拥有60多名业务员的大公司，他成了圣路易市成功的房地产商人之一，他还指导其他业务员工作，每一位准备到他公司上班的业务员，在被正式聘用之前，都要被叫到他的办公室去，他把自己的转变过程告诉这位新人，从拉沙叶大学那位业务员初次在那间寒酸的小办公室与他见面开始说起，并且首先要传授的一条经验就是"延迟决定是最大的错误"。

成长智慧

犹豫不定，决而不断，是成功道上的巨大阻碍。很多人往往由于延迟决定而错过了最佳时机。时间不等人，无论做什么事，都要果断地做决定，用行动改变自己，证明自己，才有可能成功。

事物只有不断变化，人们才不会感到厌倦

世界上没有持久不变的东西，如果我们要求什么东西持久不变，我们就是傻瓜。——毛姆

在一棵大树上，住着一只八哥，它每天都在那儿用非常圆润的歌喉，唱着悦耳的曲子。

初夏的早晨，当八哥唱歌的时候，忽然听见了一阵嘶叫声，它仔细一看，在那最高的树枝上，贴着一只蝉，它一秒钟也不停地发出"知了——知了——知了"的叫声。八哥跳到它的旁边，问它："喂，你一早起来在喊什么呀？"

蝉停止了叫喊，看见是八哥，就笑着说："原来我们是同行啊，我正在唱歌呀。"

八哥问它："你歌唱什么呢？叫人听起来挺悲伤的，有什么不幸的事发生了么？"

蝉回答说："我的表现力比你的理解力要强，我唱的是关于早晨的歌，那一片美丽的朝霞，使我看了不禁兴奋得要歌唱起来。"

八哥点点头，看见蝉又抖起翅膀，发出了声音，态度很严肃。它知道要劝蝉停止，是没有希望的，就飞到另外的树上唱歌去了。

中午的时候，八哥回到那棵大树上，它听见那只蝉仍旧在那

儿歌唱，那"知了——知了——知了"的叫声，比早晨更响。八哥还是笑着问它："现在朝霞早已不见了，你在唱什么呀？"

蝉回答说："太阳晒得我心里发烦，我是在唱热呢呀。"

八哥说："这倒还差不多，人们只要一听到你的歌就会觉得更热。"

蝉以为这是对它的赞美，就越发起劲地唱起来。八哥只好再飞到别的地方去了。

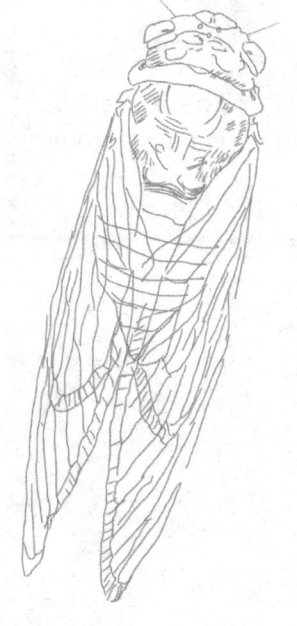

傍晚，八哥回来了，那只蝉还在唱！

八哥说："现在热气已经没有了。"

蝉说："我看见了太阳下山的本事，兴奋极了，所以唱歌，欢送太阳。"一说完，它又继续唱，好像怕太阳一走到山的那边，就会听不见它的歌声似的。

八哥说："你真勤勉！"

蝉说："我总好像没有唱够似的，我的同行，你要是愿意听，我可以唱一支夜曲。"

八哥说："你不觉得辛苦吗？"

蝉说："我是爱歌唱的，只有歌唱，我才觉得快乐。"

八哥说："但是，我在早上、中午、晚上，听你唱的都是同一首歌呀！"

蝉说:"我的心情不同,我的歌也不同,我生来就具备最好的嗓子,我可以一口气唱很久也不会变调!"

八哥说:"我说句老实话,我一听见你歌唱,就觉得厌烦极了,原因就是它没有变化;没有变化,再好的歌也会叫人厌烦的,你不肯休息,已使我害怕,明天我要搬家了。"

成 长 智 慧

无论多么美妙的乐曲,如果反复地演奏,也会让人觉得单调乏味。也就是说,任何事物都应随着时间场合的变化而变化。只有这样,人们才会感觉到新意,才不会因厌倦而嫌弃它。

没有思想和主见，一切学识和经验都毫无价值

一个有思想的人，才真是一个力量无边的人。——巴尔扎克

一家大公司需要招聘办公室副主任，它在当地的好几家大报上登出了"高薪诚聘"的广告。月薪10000元的确具有不小的诱惑力，一时间应聘者如云，有近百人报名参加初试，其中不乏硕士生和许多有工作经验者。

初试之后，又经过了三轮面试，确定由三人参加最后一轮面试。他们是一个硕士毕业生、一个应届本科毕业生和一个有着五年相关工作经验的年轻人。

最后的面试由总经理亲自跟三个应聘者逐个进行交谈。

面试的房间是临时腾出来的，设在人事部的一间小办公室里。谈话马上要开始了，工作人员这才发现室内恰好少了一把供应聘者坐下来跟总经理交谈的椅子。工作人员正要到隔壁办公室去借一把椅子，总经理挥手制止他说："别去了，就这样吧！"

第一位进来的是那位硕士生。总经理对他说的第一句话是："你好，请坐。"他看着自己周围，发现并没有椅子，充满笑意的脸上立即现出了些许茫然和尴尬。

"请坐下来谈。"总经理又微笑着对他说。他脸上的尴尬显得更浓了，有些不知所措，他略作思索，谦卑地笑着说："没关系，

我就站着吧。"

接下来轮到年轻人，他环顾左右，发现并没有可供自己坐的椅子，也是一脸谦卑地笑："不用了，不用了，我就站着吧。"

总经理微笑着说："还是坐下来谈吧。"

年轻人很茫然，回头看了看身后，"可是……"

总经理似是恍然大悟，说："啊，请原谅我们工作上的疏忽。那好，您就委屈一下，我们站着谈吧！不过，很快就完的。"

几分钟后，那个应届毕业生进来了。总经理的第一句话仍然是："你好，请坐。"

大学生看看周围没有椅子，愣了一下，立即微笑着请示总经理："您好，我可以把外面的椅子搬一把进来吗？"

总经理脸上的笑容舒展开来，他温和地说："为什么不可以？"

大学生就到外面搬来一把椅子坐下，他和总经理有礼有节地完成了后面的谈话。

最后一轮面试结束后，总经理留用了那位应届大学毕业生。

总经理的理由很简单：我们需要的是有思想、有主见的人，没有思想和主见，一切的学识和经验都毫无价值。

事实也证明总经理的判断准确无误。仅仅半年之后，应届毕业生就坐到了总经理助理的位置上，成为公司中最年轻的管理人员。

成 长 智 慧

做任何事情都需要我们有思想、有主见，这样才能充分发挥自己的主动性和创造性。如果一个人没有自己的思想和主见，那么，一切学识和经验都毫无价值。

认识并相信自己,才能更好地发挥潜能

自信是英雄的本质。——爱默生

梅尔文·亚班斯从事的是培训推销员的工作,但他最擅长的是激发每个人的潜能。他负责把某人从不能发挥特长的工作岗位,调到更能发挥才能的职位上,而且往往都会获得非常好的成效。他称自己从事的工作是"人类改造业"。他喜欢人,相信人,能在人们身上发掘出未开发的能力,并帮助人们实现自身的发展。

有一个叫杰克的青年,担任非常呆板的事务性工作。他很有才能,善于交际,待人和善,工作认真,他经常提出促进生产的新构想。不仅如此,他还能很好地激励周围的人奋发向上。亚班斯很钦佩杰克,认为他还有许多未开发出来的潜能,于是就问他:"你认为这家公司如何?"

"我认为它是世界上最好的公司,我很荣幸能在这里工作,我准备成为公证会计师。"

亚班斯这样对他说:"让我说出我对你的看法吧!也许你会惊讶,你有非常好的推销天分。你热爱公司的产品,如果负责销售,一定能取得不错的成绩,一定能为公司和自己带来很大的利益。"

"不，我对现在的工作很满意，我已经驾轻就熟，就像在自己的家里一样，改变工作可能会让我变成离水的鱼，我不可能改行做推销员。"他说出对自己的否定性评价，他对离开安定的老巢显得很不安。

可是，亚班斯非常坚持地说："你并不了解你自己。你现在最需要的是不要怀疑，对自己要有信心，你必须了解真正的自己。"亚班斯的热忱终于使杰克答应接受推销术的培训。后来连他自己都觉得惊讶，因为他对推销工作是那么的感兴趣。

培训班的讲师对亚班斯说："你发现了一位天生的推销员。只是他本人还缺乏信心。"

"不久他就会有信心的。"亚班斯回答道。

杰克到外面实际拜访客户的那天终于到了，他非常紧张。亚班斯对他说："我也一道去吧。在你负责的部分地区，我可以和你一起。"

亚班斯把新推销员杰克带到成交可能性较大的顾客那里。杰克发挥了他的社交特长，对方相当满意。他很仔细地观察亚班斯为他示范的推销法。在两人一道进行推销的过程中，杰克获得了宝贵的启示。亚班斯也把自己的信念与自信植入杰克的心中。不久，杰克真正相信了自己的能力，他改变了对自己的看法，产生了成就感，他越来越喜欢这项工作。

有一天，亚班斯对这位新推销员表示，以后不能和他一起出去了，他必须一个人去面对客户，接着他给杰克打气说："保持热忱，待人温和，对公司的产品和自己要有信心。"

"我一个人也做得来。"杰克带点不安地低声回答道。

"你绝不会孤独的。"亚班斯鼓励他。

后来，杰克发挥他的潜能获得了成功。亚班斯的判断没有错。

成长智慧

在现实生活中，很多人都不能正确地认识自己，这就使得他们缺乏自信，无法充分发挥自己的才能。人是不能没有自信的，自信是令人难以置信的伟大力量。一个人拥有了自信，便拥有了成功的前提。

勇于出新出奇，才会有更多成功的机会

人世间有许多奇迹，人比所有奇迹更神奇。——索福克斯

风光优美、气候宜人的奥地利是观光的胜地。就在某处青山和绿茵的环抱中，有家名为特里页辛格霍夫的酒店首创世界之最——"婴儿酒家"，吸引了成千上万的国内外游人，生意极为兴隆。

那么，这个"婴儿酒家"是谁的创意呢？说来话长。这酒店原是一位女老板经营，后来她病逝了。店里的一切事务就落在她29岁的儿子西格弗里德身上。新老板很想革故鼎新，搞些新名堂，用以开拓自己的事业。

一天，一位朋友满面春风地来探望他，告诉他自己做父亲了。望着朋友容光焕发的模样，西格弗里德怦然心动，一个创意在脑海中跳将出来。他对朋友说："我想把这个普通酒店改成一家婴儿酒家。我邀请您夫妇二人带着小孩两星期后光临，在此度过一段美妙的假期。"朋友欣然答应。

于是酒店立即投入改装、施工。亲友们很不理解西格弗里德的新名堂，指责道："婴儿会喝酒吗？你年纪轻轻办事不牢靠，不要把你母亲多年辛苦经营留下的产业败光了啊！"

西格弗里德申辩道："我命名它为'婴儿酒家'，宗旨是'小客人快乐第一',其实更是为年轻的父母们服务的呀!"

亲友们还是不理解,都说他异想天开,肯定是个败家子。西格弗里德不再搭理他们,他督促工匠们加快工作进度。在两星期的停业改修中,他为酒店添置了许多婴儿床、高脚椅和各式玩具,新辟了小客房、游乐室、婴儿酒吧和水上单车,并聘用了三位经过专业训练的合格护士24小时轮流值班,看护各个房间的小客人。每间小客房都装着与服务台大厅连接的警铃,要是婴儿哭了或醒了,正在饮酒、跳舞或打高尔夫球的年轻父母就能及时赶去探望。

"婴儿酒家"终于如期开张。第一批前来娱乐度假的顾客中就有那位带着妻儿的朋友。他们被独树一帜的酒店风格迷住了,极其舒畅地度过了一段终生难忘的日子。回到各地后,客人们纷纷做起了这个酒店的义务宣传员。于是,该店常常爆满。年轻的父母为了品味这家酒店的新奇和美妙,纷纷提前预约房间。西格弗里德又根据生意需要,及时购买了更多的玩具、婴儿床等,他终于把"婴儿酒家"办成了一座令婴儿及其父母流连忘返的特色酒店。

成 长 智 慧

因循守旧会故步自封,只有推陈出新,才能有所发展。要善于抓住在头脑中一闪而过的灵感,如果可行就立刻去做,不要在乎别人的看法,因为这往往就是一个获取成功的绝好机会。

不需要自己是全才，只需要精通一手即可

不是铁器的敲打，而是水的载歌载舞，使粗糙的石块变成了美丽的鹅卵石。——泰戈尔

一群人站在北京某外国使馆前等待签证，他们有要去留学的，有要去经商的，也有要去探亲和旅游的。

这当中有一位挥金如土的富翁，也有一位从陕北赶来的农村老大娘。那位富翁不是第一次来申请签证了，在此之前，他已经来过好几次了，但都被拒签了。上次申请签证时，那位签证官曾问他有什么专业或特长，他想了好久，还是摇了摇头，他实在想不明白自己有什么可称为专业或特长的。几十年来，除了赚钱，自己真的是什么特长也没有。他站在等待签证的长队里，心里忐忑不安，他希望当自己又一次站在那位签证官面前的时候，那位面无表情的签证官能够认出他来，能被他的锲而不舍而感动，从而顺利地给他签证。

他问站在自己前边的那位农村老大娘："你会英语吗？"老大娘不好意思地摇了摇头。他又问："那你有什么专业吗？"老大娘不好意思地摇摇头说："我一辈子只会种地和照料孩子，不知道啥叫专业。"他十分同情地对老大娘说："那你申请签证肯定会十分困难。"老大娘想了想说："但我也有一手绝活儿，我

们老家方圆几十里的人都知道我，年轻人结婚贴窗花，小孩子过周岁生日绣肚兜缝虎头鞋，很多人要绣巾什么的，全都找我给他们剪样纸。"他一听，心里就禁不住好笑起来：剪纸？剪纸怎么能算专业呢？

终于轮到老大娘了，当签证官面无表情地询问这位老大娘会什么专业时，老大娘从口袋里掏出一张红纸，她先把那张纸朝签证官亮了一亮，然后便熟练地折叠了又折叠，伸开五指轻轻撕起来，眨眼的工夫，当那张红纸展开时，已是栩栩如生的一张剪纸画了。画上有一朵莲花、几片荷叶，荷叶下面是一尾尾妙趣横生的小鱼。签证官惊得目瞪口呆，兴奋地说："你是一位了不起的美术大师，了不起，你真的了不起。"边说边为这位老大娘办理了签证。

老大娘身后的那位富翁，又一次被拒签了。

成长智慧

不管我们的工作是什么，也不管我们生活在哪个阶层，要想改变自己的命运，我们就要有自己精通的一手。不需要我们是全才，只要有一手精通的技艺，我们就有了改变自己命运的契机。

第六章

懂生存会竞争，才能更好地活着

只要我们还活着，就得生存下去，要想更好地生存下去，就要参与竞争。对于我们每个人来说，生存和竞争都是残酷的。只有懂得生存，学会竞争，我们才能更好地存活于世。

无论在任何时候,都决不能轻易放弃生命

生命是美好的,一切物质是美好的,智慧是美好的,爱是美好的!——杜伽尔

非洲大草原富饶辽阔,美丽多姿,碧绿的青草散发着迷人的幽香,各种动物尽情地奔跑着、跳跃着,一切都显得那么的生机勃勃。

草丛中,一头刚学会捕猎的小猎豹静卧在那儿,蓄势待发,等待着猎物的出现。

不远处,一只雄壮的羚羊出现了,它身后还跟着一只小羚羊,显然它们是父女俩,它们悠然自得地咀嚼着鲜嫩的青草,但却全然不知,死神正在悄悄地靠近它们。

小猎豹悄无声息地向它们靠近,渐渐地,时机成熟了,小猎豹突然如离弦之箭,猛然蹿出了草丛。突如其来的惊吓令小羚羊手足无措,它立即张开四蹄,向远处逃去。小羚羊哪是小猎豹的对手,雄羚羊见状,为了引开猎豹,一声长嘶之后,义无反顾地向反方向飞奔而去。小猎豹毫不犹豫地把大羚羊作为追逐的目标,它不甘心眼看到手的美餐从嘴边逃走。一场生与死的激烈角逐开始了。

小猎豹的冲刺速度是惊人的,在即将追上目标的一刹那,它

像弓弯似的一跃,手术刀般的利爪无情地刺入了雄羚羊的背部,顿时雄羚羊鲜血如注,但它并未因此而屈服,它"嗷嗷"地发出痛苦的呻吟,用尽全身的力气挣扎、跳跃着,任凭小猎豹的利爪撕扯着自己的肉体。小猎豹不适应持久的战斗,渐渐地,它失去了耐心,就在这一瞬间,雄羚羊突然转过身来,用头上的犄角不顾一切地刺向小猎豹,随之而来的是一声撕心裂肺的惨叫,尖利的羊角以迅雷不及掩耳之势刺入了小猎豹的左眼。小猎豹彻底放弃了这场决斗,跌倒在草地上。

雄羚羊拖着血肉模糊的身躯向远方跑去。夜幕渐渐降临,父亲找到了自己的孩子,它用奄奄一息的声音告诉小羚羊说:"孩子,当你长大后,也会遇到这样的情况,它们可以放弃追逐,而你却决不能放弃逃跑。因为对于它们而言,这只不过是一顿美餐,但是对于你而言,这却是生与死的一刹那。决不能轻易放弃生命!"这是父亲留给小羚羊的最后一句话,说完,雄羚羊倒在草地上,永远地告别了这个世界。

成长智慧

在动物的世界里,弱肉强食是很自然的事,为了生存,强者必须要捕食弱者,弱者则必须要躲避强者。那么,在人的世界里呢?从某种意义上说,也是如此。无论是在动物的世界里,还是在人的世界里,求生都是一种本能。无论在任何时候,都决不应该轻易放弃生命,这是对生命的尊重。

改变自己会痛苦,但不改变自己会吃苦

名 人 名 言

如果人生有也能有第二版,我将会如何认真地修改校对!——克莱尔

18世纪法国大哲学家伏尔泰是个性格倔强而又放荡不羁的人,他有对世人进行辛辣讥讽的习惯,这个习惯久而久之使他得罪了一些人。

1717年,伏尔泰因为讥讽摄政王奥尔良公爵,被囚禁在巴士底监狱达11个月之久。

出狱后,吃够了苦头的伏尔泰终于知道此人是他冒犯不得的,于是他便想改变一下自己。他上门感谢公爵的宽宏大量和不计前嫌,这对于伏尔泰这个年轻气盛的人来讲,真是太不容易了。

公爵当然也深知伏尔泰的影响力,也想借此机会和他化干戈为玉帛。于是,两人在极为友好的气氛中,讲了许多恰到好处的抱歉和溢美之词。按理说,至此事情也算处理圆满了,从此以后两人可以相安无事,井水不犯河水了。

可是,在最后的时刻,伏尔泰站起身来再一次表示感谢说:"公爵先生,有一件事我还要感谢您一下,那就是您太助人为乐了,为我免费解决了那么长时间的食宿问题。"

公爵听得一愣,心想:好好的你怎么又提这些不愉快的事了?

他很是不解。

"在我向您表示再次感谢的同时,请您不必在这件事上为我操心啦。"伏尔泰接着说。

公爵怔在当场,哭笑不得。

事后,有人问伏尔泰:"按理说你们两人已经尽释前嫌了,您怎么又画蛇添足呢?"

"你这样问我,我又去问谁呢?改变自己真是太痛苦了。"伏尔泰愤愤地说。

成 长 智 慧

一个人的性格和习惯是很难改变的,如果硬要改变,那肯定是件很痛苦的事情。虽然是这样,很多时候,我们还是必须要改变自己,若不改变自己,肯定会吃苦。

在苦难面前自强不息，就会赢得成功和幸福

耐心和恒心总会得到报酬的。——爱因斯坦

8岁那年，他曾意外遭遇一场爆炸事故，致使双腿严重受伤，而且腿上没有一块完整的肌肤。医生曾断言此生他再也无法行走。然而，他并没有哭泣，而是大声宣称："我一定要站起来！"

他在床上躺了两个月之后，便尝试着下床了。他总是背着父母，挂着父亲为他做的那两根小拐杖在房间里挪动。钻心的疼痛把他一次次击倒，他跌得遍体鳞伤，却毫不在乎，因为他坚信自己一定可以重新站起来，重新走路奔跑。几个月后，他的两条伤腿可以慢慢屈伸了。他在心底默默为自己欢呼："我站起来了！我站起来了！"

他又想起了离家两英里的那个湖泊。他非常喜欢那儿的蓝天碧水。他一心想去那个湖泊，于是，他更加顽强地锻炼。两年后，他凭借自己的坚韧和毅力，走到了湖边。从此，他又开始练习跑步，他把农场上的牛马作为追逐对象，数年如一日，寒暑不辍。后来，他的双腿就这样奇迹般地强壮了起来。再后来，他通过不断的挑战，成了美国历史上有名的长跑运动员。

他就是美国体育运动史上伟大的长跑选手——格连·康宁罕。

在我们身边也有一些普通的人，他们虽然不像格连·康宁罕那样有名，但却一样用辛酸的泪水与汗水谱写着自己精彩的一生。

她从娘胎里出来，就无手无脚，手脚的末端只是圆秃秃的肉球。8岁时，有了思想的她就想到了死。但可悲的是，她无法找到死的方法。用头撞墙，因为没有四肢支撑，在碰得几个血泡、摔得一脸模糊后还是安然地活着；绝食，又遭到母亲怒骂："8年，我千辛万苦拉扯你8年了……"看着母亲辛酸的眼泪，她毅然决定要像常人一样活下去！

她开始训练拿筷子。她先将一只手臂放在桌边，再用另一只手臂从桌面上将筷子滑过去，然后，两个肉球合在一起。她从用一根筷子开始，再到两根筷子，日复一日，血痕复血痕。9岁那年，她终于吃到了自己用筷子夹起的第一口饭。

学会拿筷子后，她又开始学走路。她将腿直立于地面，努力保持身体的平衡，和地面接触的部位从血痕到血泡，从血泡到厚茧，摔倒爬起，爬起摔倒，血水夹汗水，汗水夹泪水。10岁那年，她学会了走路。

也就在这年，她有了读书的念头。在父母及老师的帮助下，她成了村上小学的一名编外生。于是，她将胶皮缠在腿上，不论寒暑和风雨，总是早早到校。她用手臂的末端夹笔写字，付出比常人多数十倍的努力，从小学到初中，再到自学财务大专。

1988年，云南省的一家工厂破格录用她为会计。后来，她为了回报父母的养育之恩返回父母身边。回家后，她自谋出路贩卖水果。再后来，她不仅成了远近闻名的孝女，而且"贩回"一个高大健康的丈夫,膝下有一对活泼可爱的儿女,一家人温馨甜蜜,其乐融融。

她的名字叫胡春香。

成 长 智 慧

　　人的一生难免会遭受很多的苦难,无论是与生俱来的残缺,还是惨遭生活的不幸。但只要敢于面对苦难,自强不息,就一定会赢得掌声,赢得成功,赢得幸福。

想要摆脱困境，就要发挥自己的强项

奇迹多是在厄运中出现的。——培根

在美国有一个名叫克利的青年，他本是一个非常快乐的人，拥有一个幸福的家庭，可是在一次车祸中他不幸断了一条腿，被工厂老板炒了"鱿鱼"。克利感到非常沮丧，他对生活失去了信心，认为自己是一个废人，一生都可能拖累别人，所以他向妻子提出了离婚。

妻子不仅不同意离婚，还鼓励他说："你的腿断了，但你还有手，你可以靠自己的双手养活自己，你应该找一个适合自己的工作。"

一次，他的儿子拿来一辆坏掉的电动遥控车让他修理，克利曾经做过电工，这点小事难不倒他，他很快就把遥控车修好了。儿子十分高兴，说："爸爸，你真行！以后我的玩具坏了都让你修理。"

儿子的话提醒了克利，他想："现在的玩具越来越高级，大都是电动玩具或遥控玩具，价钱都很贵，但这些高级玩具都经不住摔打，小孩玩不了几天玩具就出故障。现在还没有修理玩具的店，自己何不试一试呢。"于是，他便买来一些玩具，天天研究它们经常出现的毛病，然后再想办法修理。他还经常看一些关于玩具的书。不久，他就能修理一些高级的玩具了。

于是，他开了一家玩具修理店，还起了一个新奇的名字"克利玩具急诊所"。

开业的第一天，就来了一大批小顾客，克利凭着娴熟的手艺，很快就将那些"病号"修理好了。于是，这批小顾客便成了"小广告"，他们四处替克利宣传。"克利玩具急诊所"的名声不胫而走，满城皆知。顾客一批接着一批来，不到一年的工夫，克利已使 1000 多个玩具死而复生，这些"病号"包括小到拳头大的电动猴子，大到电动摩托，还有游戏机、卡拉 OK 机等。

修理费视玩具的大小贵贱而定，通常每天克利都可收入 500 美元左右，他也在修理过程中积累了丰富的经验。这样，克利不仅养活了自己，而且还积累了一笔财富。

成 长 智 慧

我们每个人都有自己的强项。一帆风顺的时候，我们是在发挥自己的强项；遇到困难的时候，我们更要利用自己的强项摆脱困境。

无论做什么工作,都要有一种敬业精神

不要把工作当成义务,要当作权利。——池田大作

弗雷德虽然是一名普通的邮差,但他的事迹却闻名世界。

弗雷德负责为小区的住户收送邮件。他听说小区内有一位职业演说家,叫桑布恩先生。这位桑布恩先生一年有160天到200天在外出差,于是他向桑布恩先生索要了一份全年行程表。

桑布恩先生很奇怪,问:"您要行程表干什么用?"

他回说:"以便您不在家时,我暂时代为保管您的信件,等您回来再送过来。"

这让桑布恩很吃惊,因为他从未碰到过这样的邮差。

桑布恩先生回答道:"没必要这么麻烦,把信放进邮箱就好了,我回来再取也是一样的。"

弗雷德解释说:"窃贼经常会窥探住户的邮箱,如果发现是满的,就表明主人不在家,那住户就可能要身受其害了。"

弗雷德想了想,又接着说:"这样吧,只要邮箱的盖子还能盖上,我就把信放到里面。塞不进邮箱的邮件,则搁在房门和屏栅门之间。如果那里也放满了,我把其他的信留着,等您回来。"弗雷德的建议无可挑剔,桑布恩先生欣然同意了。

两周后,桑布恩先生出差回来,发现门口的擦鞋垫跑到门廊

的角落里，下面还遮着个什么东西。原来事情是这样的：在桑布恩先生出差期间，美国联合递送公司把他的包裹投到别人家了。弗雷德看到桑布恩先生的包裹送错了地方，就把它捡起来，送回桑布恩先生的住处藏好，还在上面留了张纸条，解释事情的来龙去脉，并用擦鞋垫把它遮住，以避人耳目。

不同的邮政公司之间竞争市场份额，比的就是服务，而因为有一批弗雷德式的职业化员工，他们所提供的人性化服务，创造了无形价值，使美国联合递送公司在众多竞争对手中脱颖而出。

弗雷德是职业化的典范，他身上体现了敬业精神，他真正做到了"以此为生，精于此道"。如果我们能做到这一点，我们也会成为一名"弗雷德"。

成长智慧

当今时代，是一个注重敬业的时代。无论你做什么工作，都要有一种敬业精神。敬业是一种习惯，尽管一开始并不能为你带来可观的收益，但可以肯定的是，那些缺乏敬业精神的人，是无法取得真正的成就的。

拥有一技之长，是最好的生存方法

名人名言

人若愿意的话，何不以悠悠之生，立一技之长，而贞静自守。——里尔克

张枫霞曾讲过这样一个故事，故事里的王木匠是她的外公。

一提起疙瘩村的王木匠，没有谁不竖大拇指的，他的手艺远近闻名。

王木匠的手艺是祖传的。谁家里有儿女到谈婚论嫁年龄的，就早早买好木料排在他的院里，怕到时候轮不上给新人做家具；村里聪明伶俐的男孩，都设法接近他，希望能跟着他学个一技之长，其实这是枉然。王木匠有四个儿子，他早就想从他的四个儿子中选一个接班人，将他的祖传手艺继续传下去。

王木匠的四个儿子中，数老四最聪明，也数老四文化最高——他是县中学毕业的。但是，老四就是不愿做木匠，他说一听到锯子与木头的摩擦声，浑身就起鸡皮疙瘩，让他做木匠，还不如杀掉他。那年暑假，老四和王木匠大吵一架之后，背着行李卷去了深圳，气得王木匠三天没吃好饭。

老四一走就是三年，三年里只写过三封家信。第一封信是第一年春节写来的，他说深圳到处都是机会，只要运气好，干一年顶做木匠十年。王木匠一句话没说，把饭碗一搁，带着孙子买爆

竹去了;第二封信是第二年春节写来的,他说那边机会虽多,但没有一个是留给乡下人的,他依然替人打工,比做木匠辛苦多了。王木匠还是一句话没说,就着老婆炒的小菜和另外三个儿子喝得一塌糊涂。第三封信当然是第三年春节写来的,王木匠看完信后只说了一句话:"打电话叫老四回来。"十天后,老四真的回来了,他是瘸着一条腿回来的。

老四回来后,王木匠既不问他外边的事,也不支使他干活,老四就天天吃了睡,睡了吃。再懒的人也搁不住没事干,何况老四本就不懒。一段日子之后,他就主动往王木匠跟前凑,进而四

下找零活做。王木匠说:"你在这儿碍手碍脚,倒不如去把院子里那堆废料卖掉。"老四高高兴兴地装了一拖拉机废料,拉到集市上卖了 100 元钱。几天之后,王木匠又让他去把做好的几件柜子卖掉,这次老四卖了 1000 元钱。又过了几天,王木匠又让他去卖一组屏风,这次老四卖了 10000 元。老四给王木匠钱时,有一种抑制不住的兴奋。王木匠说:"同样是一堆木头,当劈柴,它值 100 元;做成柜子,它值 1000 元;再做成屏风,它就值 10000 元。最值钱的是什么?是手艺。"

王木匠说这些话时,一直没有停下手中的活计,甚至连眼皮也没抬。而老四却一下子明白了,并开始踏踏实实地跟王木匠学起了木匠手艺。

后来,人们都知道疙瘩村有个瘸子木匠,木匠的手艺是祖传的,远近闻名。

成 长 智 慧

生活中有很多创造财富的方式,但不是每种方式都适合自己,也不是每种方式都能让自己创造出财富。但可以肯定的是,拥有一技之长是最好的生存方法,凭借自己的手艺,就一定能够成就自己。

我们要跑得快,还要跑得稳

名人名言

跑得快可以超越别人,但跑得不稳容易摔倒,反而会被别人超越。——王阳

作家高汉武曾写过这样一个故事。

毕业20周年之际,同学们组织了一场同学联谊会。同学之中,有的目前状况很好,有的很糟糕,有的几乎原地踏步。

在联谊会上,大家用专车接来了一直还住在乡下的班主任。老人已年过古稀,头发全白了,手脚都已不便。

同学们仿照原来教室的模样布置了聚会的场合,要求各位同学按20年前的座次坐好,并给老师布置了讲台,将老师请到讲台前。

轮到同学座谈了。大家在讲话中都先感谢老师的栽培,班主任听了也不说话,直到临近结束,他才站了起来,说:"今天我来收作业了,有谁还记得毕业前的最后一课吗?"

毕业前的最后一课是这样的。那是个晴天,班主任把大家带到操场上,说:"这是最后一课了。我布置这个作业,说易不易,说难不难。请大家绕着500米操场跑两圈,并记下所用的时间、速度以及感受。"说完他便走了。

老师说道:"我离开操场后,在教室走廊上观察了同学们的

完成情况。现在，20年后的今天，我对作业讲评一下。跑完两圈的有4人，时间在15分20秒之内。1人扭伤了脚，1人因为太快摔了跤，有15人跑过1圈后觉得无聊，退出后在跑道外聊天儿。其余的嫌事小，没有起步。"

大家惊异于老师记得如此清楚，一下子看到了老师昔日的风采，纷纷鼓掌。

掌声落下之后，老师继续说："我就这次作业，并结合本人七十余年的人生体验，送各位四句话：其一，成功只垂青有准备的人；其二，身边的小蘑菇不捡的人，捡不到大蘑菇；其三，跑得快，还需跑得稳；其四，有了起点并不意味就有了终点。你们现在都是36岁左右，尚不是对老师说感谢的时候。请多说说自己人生的作业。"

教室里顿时鸦雀无声。

成 长 智 慧

人生就像一场长跑，跑得太快，容易后劲不足；跑得太慢，就会掉队；中途退出，就会断送以前的努力；不参加，就没有赢得比赛的机会。在这场长跑中，最佳的状态是跑得快，还要跑得稳。

结束语

  人生路上,我们都是奔跑者,我们总在赶超一些人,也总在被一些人超越。
  人生的要义,一是欣赏沿途的风景,二是抵达遥远的终点。人生的秘诀,是寻找一种最适合自己的速度,莫因疾进而不堪重荷,更莫因迟缓而空耗生命。人生的快乐,是走自己的路,看自己的景,超越他人不得意,他人超越不失志。
  但无论如何,我们都一直在奔跑着。
  我们都一样不曾停下前行的脚步,始终在梦想的路途中,已经在路上,或者正在路上,努力地奔跑着。人生如逆水行舟,不进则退。多年以后,我们一定会感谢现在拼命的自己。